我国房地产税合并征收的经济效应研究

李 娇 著

NORTHEAST NORMAL UNIVERSITY PRESS
WWW.NENUP.COM
东北师范大学出版社

图书在版编目(CIP)数据

我国房地产税合并征收的经济效应研究 / 李娇著 .
-- 长春：东北师范大学出版社，2017.3（2024.8重印）
ISBN 978-7-5681-2931-2

Ⅰ.①我… Ⅱ.①李… Ⅲ.①房地产税—税收改革—研究—中国 Ⅳ.①F812.422

中国版本图书馆 CIP 数据核字（2017）第 070935 号

□策划编辑：王春彦
□责任编辑：卢永康　□封面设计：优盛文化
□责任校对：赵忠玲　□责任印制：张允豪

东北师范大学出版社出版发行
长春市净月经济开发区金宝街 118 号（邮政编码：130117）
销售热线：0431-84568036
传真：0431-84568036
网址：http://www.nenup.com
电子函件：sdcbs@mail.jl.cn
河北优盛文化传播有限公司装帧排版
三河市同力彩印有限公司
2017 年10月第 1 版　2024 年8月第 3 次印刷
幅画尺寸：170mm×240mm　印张：11.75　字数：196 千

定价：42.00 元

摘要

从提出物业税到房产税试点再到房地产税改革，房地产税合并征收的改革思路越来越清晰。虽然我国房地产税改革备受关注，但其在调控房价、缩小居民收入差距、改善地方土地财政问题上均未有显著成效。而现实中房地产税种繁多，为了简化征管对其税种合并的必要性日益增强。在此背景下，本书在现有房地产税收基础上，模拟检验以房地产税合并征收为主要特征的房地产税改革的经济效应，期望能在税制设计和方案选择方面为未来的房地产税改革提供参考。

全书首先利用文献分析法对本书的研究背景、房地产税等相关概念进行了界定，并对国内外相关研究理论、研究方法进行了梳理。其次，采用对比分析法和规范分析方法，通过对比考察典型国家与地区的房地产税，结合我国房地产税的发展、现状与影响展开分析，提出了我国房地产税合并征收的方案。随后，分别从房地产税功能理论、税收经济效应理论和房地产税合并供需理论三方面，运用文献分析法进行了探讨，为后续研究奠定理论基础。再次，主要借助计量经济软件 Eviews6.0，采用面板数据分析等多种计量分析，以定量分析为主，定性分析为辅的研究方法，从税收功效发挥和对微观主体影响两方面入手，实证模拟检验了房地产税合并征收的经济效应。最后，在对房地产税合并征收经济效应总结的基础上，归纳出对房地产税合并征收的启示。

主要研究结论有：在功效发挥上，第一，从不同合并方案出发研究了房地产税对中国经济以及主要相关行业的影响，发现合并调整房地产税对第三产业尤其是房地产业本身的影响最为显著，会整体降低第三产业的税负，增加第二产业的税负。此举还将提升建筑业、居民服务和其他服务业、公共管理和社会组织的税收增速，也会引致教育、租赁和商务服务行业的减负。将部分土地出让金纳入合并方案，能更大地激发城市化对经济发展的促进作用。第二，对各收入阶层就房产税的收入再分配效应进行了实证检验，结果显示目前我国房产税的收入分配效应整体上为正，结构上呈现低收入群税收累退与中高收入阶层递增性税收累进并存的局面，能在一定程度上起到调节居民收入差距的作用。第三，基于城市扩张的角度，分别从住宅和商品房两类征收范围分方案实证检验了房地产税的经济效应，说明房地产税改革对城市扩张具有明显的抑制作用，尤其在房地产流转与保有环节税收合并调整的方案下这种影响最显著。

而对微观主体影响方面，第一，分别从全国和地区两个层面考察了房地产税合并征收对典型房地产企业经营业绩的影响，同时构建 VAR 模型进一步从房地产企业产品供给角度探讨其影响。结果显示，房地产税的合并征收均会给房地产企业的业绩带来不同程度的负面影响，其中将部分土地出让金纳入的方案影响最大。而房地产企业供给受房地产税改革的影响并不一致，且短期影响较明显，长期影响则不显著。第二，分别对不同房地产税合并征收方案下全国和地区财政收支变化进行分析，研究表明如果不考虑土地出让金，就地方政府财政收支缺口改善方面，房地产税合并征收将带来不受时间长短限制的正面效应。而纳入部分土地出让金，将会减少政府的财政收入，对目前地方财政收入形成挑战。第三，选择替代弹性 CES 效用函数，模拟检验不同房地产税合并征收方案下房地产税改革对居民消费的影响。研究发现房地产税合并征收将对我国各房地产开发一线城市的居民消费带来较大的影响。随着房地产税合并征收范围与税率的逐步扩大，其直接负面影响也有逐渐增加的发展趋势。但对于房地产开发落后地区其负面影响并不随征收范围与税率的扩大而增加。

目录

第一章 绪 论

»1.1 研究背景、目的与意义

1.1.1 研究背景

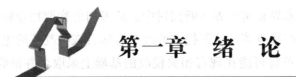

早在2003年10月，有关“针对不动产在条件成熟时取消城镇建设中重复收费，开征统一物业税的税费改革”就已在《中共中央关于完善社会主义市场经济体制若干问题的决议》中明确地提出。2005年“稳妥推进物业税改革”也出现在《中共中央关于制定国民经济和社会发展第十一个五年规划的建议》中，并于十六届五中全会获得通过。据此，北京、深圳、辽宁、江苏、重庆、宁夏于2006年开始进行系列物业税“空转”实验。随后在2007年，“研究物业税方案”出现在当年的国家税务总局全国税收工作要点中。同年，物业税“空转”区增加了安徽、河南、福建、天津，达到10个省市。此后，各界在“空转实”的争论中从不同层面对该税改革做出了大量分析和讨论，但结论远未统一。2011年1月，争论中的物业税终于以“房产税”的说法，主要带着调控房价、抑制住房投资和投机需求的目的，作为一个宏观经济调节手段率先在重庆、上海正式开始试点。虽然，房产税试点效果并不如预期，但从2012年起学术界就不断出现试点扩容之争，决策层亦不断表现出推进该税的强烈信号。甚至在2013年11月，“加快房地产税立法并适时推进改革”成为中共中央对我国房地产改革的唯一讨论话题，在十八届三中全会中展开探讨。在对此政策的解读中，全国政协委员、财政部财科所所长贾康提出：“房地产税其实是一个综合概念，既包括房产税，也包括土地增值税、土地使用税等相关税种，未来完善房地产税，除了推进个人住房房产税试点，还应下调过高的住房用地税负，简并流转交易环节税费，重点发展保有环节房地产税，并对投机性住房实行高度超

额累进税率。”[1]此观点也与财政部部长楼继伟解读的“房地产税的改革总体方向是减少房产建设和交易环节税费，增加保有环节税收，配套推进清费立税”相一致。可见，在学术界和实务界不断探讨中，从最初的称谓物业税，到房产税，再到现在的房地产税改革，称谓提法的改变意味着该税改革的思路越来越清晰，即房地产税改革将可能在现有相关税收的基础上采取合并征收的思路。一旦明确按此思路进行改革，那么可以说，以房地产税合并征收为主要特征的房地产税改革的核心环节将涉及包括土地出让制度的转变、房地产流通和保有环节的税收改革和调整，这是一个系统性的工程，实质上是房地产税改革在征收范围和征收方式上的改变。

要研究房地产税合并征收首先不能忽视公众对房地产税改革的始终热情关注。我国房地产税改革成为关注的热点，主要在于：一方面它被寄予了调控房价、调节收入分配的厚望。但现实是，自从1998年房改以来，我国商品房销售均价已从1988年的2 063元/平方米，按年均20.05%的增速攀升到2012年的5 791元/平方米，实现了280.71%的增长，而同期GDP年均增长率仅8.7%。与此同时，国家统计局的数据显示，我国居民收入的基尼系数在2012年为0.474，远低于西南财经大学中国家庭金融调查与研究中心发布的0.61。虽然官方和民间基尼系数存在较大差异，但无疑都说明了我国居民收入的确存在很大的差距，现行的相关税制在调控房价和缩小收入差距方面均未有显著的成效。

另一方面，房地产税改革也被寄予期望解决以土地出让金为主的土地财政制度的问题。虽然中央和各省之间的收入分配与职能权限已于1994年的分税制财政改革中得以明确，但其余市、县、乡之间的问题和纠纷仍未理清。以2012年为例，我国地方税收共计42 191.947 6亿元，税收结构中所占比重最高的是营业税36.76%，其次依次是个人所得税13.60%，企业所得税15.50%。而与房地产税收直接有关的房产税、城镇土地使用税、城市维护建设税、土地增值税、耕地税五税合计共10 335.72亿元，仅占24.50%。相比较，土地出让收入则在逐年增长，2011年我国地方政府土地出让收入已经突破3万亿大关，达到31 500亿元，增速为14.6%，约占同期地方财政收入的61.14%；虽然到2012年全国土地出让收入有所下降，但也达到28 517亿元，占同期地方财政

[1] http://www.daynews.com

收入的 44.04%[1]。可见，目前我国的房地产税仍未实现改善土地财政的预期。

此外，目前我国房地产税费较多，涉及房地产的税收有 11 种，涉及房地产的收费多达 50 余项，已暴露出一系列征管问题。在 2014 年两会期间，恒大地产董事局主席许家印（2014）表示，现在各种审批费用已占房价成本的 11%。对此，除贾康、楼继伟等官员外，国务院发展研究中心研究员倪红日（2014）也表示："国务院发展研究中心和财政部、税务总局正考虑将房产税和城镇土地使用税合并的可行性，现在全国人大正在起草房地产税立法草案，基本上也是按照这个方向在制定草案。"[2]可见，房地产税费较多，为简化征管提出税种合并的可能性日益增强。

1.1.2 研究目的

在此背景下，我国房地产税改革将进一步拓宽视野，采取合并征收的思路，对房地产税整个大框架进行再构建。那么参考国外房地产税征收实践经验，结合目前我国的房地产税征收情况，我国将可能采用怎样的房地产税合并方案？合并方案的差异又将会对房地产税发挥其财政收入、收入分配、资源配置等功能效应和对以企业、政府、居民为代表的微观主体影响上带来怎样的不同？本研究期望利用有关数据，通过实证模拟检验来回答以上问题，为房地产税改革的方案设计与优选提供参考。

1.1.3 研究意义

1.1.3.1 理论意义

早在 18 世纪，古典经济学派典型代表亚当 · 斯密就认为："税收是人民拿出自己的一部分私人收入给君主或国家，作为一笔公共收入。"[3] 即，税收的出现实质上就是国家为自身谋求收入的一种重要手段。而后的凯恩斯宏观经济学派更是将税收作为一种经济行为，视其为国家调控经济的主要方式之一。在探讨某项经济行为时，为实现成本收益最大化的目标，常常需要对此

---

[1] 数据除 2012 年土地出让金来源于《2012 中国国土资源公报》，其余均源于历年《中国统计年鉴》《中国国土资源年鉴》计算所得。

[2] http: //sn.fccs.com/news/201408/4383562.shtml

[3] 亚当·斯密 . 国民财富的性质和原因的研究 [M]. 上海：上海三联书店，2009.

项经济行为进行必不可少的经济效应分析。此外，一个国家利用税收实现的既定目标无论是稳定经济、减少波动，还是调控发展方向，甚至是缩减社会贫富差距，最终目标的实现与否，都离不开对税收实施过程中所伴随的经济效应的检验。

理论上，合理的房地产税将具有税收调节、财政收入、收入分配、资源配置的功能，但在现实中很难同时实现这些目标。目前理论界有关房地产税改革的诸多问题，学术界尚未达成共识，以至其改革迟迟难以在全国推广。作为一项重大的税制改革，房地产税改革并非简单的税种转换或税制调整，它将开启我国社会变革的一个窗口。其改革的成功离不开获取大量房地产税征收的实证资料，也不能缺少在明确功能定位的前提下对房地产税征收带来的经济效应的检验。

因此，本研究分别从税收功效发挥和对微观主体影响的角度出发，模拟检验现阶段房地产税合并征收的经济效应，将有助于理解和认识房地产税，明确房地产税改革方案，为房地产税改革提供理论指导，对其税制的有效设计与改革方案的顺利实施具有重要意义。

1.1.3.2 现实意义

以房地产税合并征收为主要特征的房地产税改革，即合并税种，征收统一的房地产税，这将涉及税收征管的改革，有利于财政体制的完善，导致社会资源分配格局的变化，进一步优化我国房地产市场调控体系。具体来讲，其现实意义在于：

第一，有利于进一步完善我国的财产税体系。完善的税收体系通常由完善的商品税、所得税与财产税所构成。相对于商品税与所得税，我国现行的以房地产税为代表的财产税体系存在着税费繁杂、种类过多等诸多不合理。这不仅有碍于房地产企业生产成本的合理控制，导致住房生产者与消费者对政府行为规范性与稳定性的疑虑，也制约了政府利用税收杠杆调控房地产市场的成效。因此，以房地产税合并征收为主要特征的房地产税改革，有望改变现状，形成规范的财产税体系。

第二，有利于完善我国的分税制财政体制和规范完善土地市场管理。对于地方政府来讲，目前我国运行的财政体制存在财权与事权严重不对称的问题，这既阻碍了其主观能动性的积极发挥，也导致了其因地方稳定收入的匮乏而可能出现干预正常税收的情况。此外，我国采取土地出让金一次性支付的土地批租制，依靠土地财政，造成了许多地方政府立足于当前的短视行为，导致了一系列诸如囤积土地以谋求地价暴涨，土地资源严重浪费，资源配置不合理，滋生腐败等社会问题，给地方政府建立和谐社会，实现可持续发展的道路带来巨大的阻碍。因此，地方政府拥有持续收入，土地管理更趋理性化，这都可能因以房地产税合并征收为主要特征的房地产税改革而得以实现。

第三，有利于实现社会公平。目前我国社会贫富差距问题日趋严峻，从国外实践看，房地产税往往也被作为调节社会贫富差距的一项重要手段。因此，我国完全可以借鉴国外成功经验，结合我国实际情况，对现行烦琐的房地产税实施改革，制定适宜的相关税收政策，发挥其在收入分配方面的调节作用。

»1.2 相关概念界定

由于不同国家和地区在相关概念上的称谓不尽相同，本研究涉及以下相关概念，为后续行文先对其进行界定。

1.2.1 财产、不动产、房地产

1.2.1.1 财产

通常土地、房屋、金钱等物质形态上的财富被誉为财产。不同划分标准其分类并不一致。从所有者看，财产可以区别为私人财产和国有财产。从形态上是否可以移动看，法律上往往将财产区别为不动产和动产。《物权法》第二条就规定："本法所称物，包括动产和不动产。"《法国民法典》中第五百一十六条规定："一切财产，或为动产，或为不动产。"[1] 总之，财产无论是物质财富还是非物质财富，是有形的还是无形的，都将在某方面满足人们的某种需要。但本研究被视为征税对象的财产仅为其中的特定的不动产部分。

[1] 柴强 . 房地产估价（修订第七版）[M]. 北京：首都经济贸易大学出版社，2013.

1.2.1.2 不动产

不动产是指不能移动或如果移动就会改变性质、损害其价值的有形财产，包括土地及其附着物的物质实体及其相关权益。《担保法》第九十二条规定："本法所称不动产是土地以及房屋、林木等地上定着物。"如建筑物及土地上生长的植物。有些国家和地区将房屋、土地等不动产称之为物业。通常，作为财产税征税对象的是不动产。

1.2.1.3 房地产

房地产有狭义和广义之分。狭义的房地产是指土地与土地上的建筑物及其衍生的权益。广义的房地产是指土地和定着于土地上的永久性的建筑物、构筑物、附属设施，以及包括水、矿藏、森林等在内的自然资源，还包括与上述物质有关的权益及由此所衍生的权利。房地产是土地和房屋等财产的总称，可以分成单独的土地、单独的房屋、土地以及土地上建筑物的综合体三种形态。由于房地产具有位置固定，不可移动的特性，国外通常称房地产为不动产，我国香港地区则称为物业或地产。

1.2.2 财产税、不动产税、不动产保有税、物业税、房产税、房地产税

1.2.2.1 财产税

财产税是指以法人和自然人拥有和归其支配的财产为对象所征收的一类税。它与所得税、流转税构成了三大课税体系，有的国家称其为财富税。按照前述财产按性质有动产与不动产的区分，这里财产税可分为动产税和不动产税，是多数国家和地区的地方主要收入的来源。按征税对象又分为两大类：一是对财富流量征税，由此形成流转税类与所得税类；二是对财富存量征税，由此形成财产税类。

1.2.2.2 不动产税

不动产税是指以法人和自然人拥有或支配的不动产为对象征收的一种税。也有将不动产税定义为是对不动产——土地及附着其上的建筑物在取得、持有、收益、转让等环节征收税种的统称，也被称为房地产税。其征税对象依次

是不动产流转价值、保有价值和收益价值。因不动产税主要是对土地、房屋征税，它属于财产税类。

1.2.2.3 不动产保有税

作为不动产税的一种，不动产保有税是在不动产保有环节的征税，而不论该不动产是否流转、经营及收益。不动产保有税是实质的财产税，具有财产税的典型特征，并发挥财产税的独特作用。在西方国家由于不动产保有税在财产税中占有相当大的比例，往往两者在我国国内相关研究中不加区别。

1.2.2.4 物业税

采用“物业税”这一称谓的主要是我国香港地区和部分东南亚国家。香港的物业税是以不动产出租收入为征税对象的税种，是对不动产的收益征税，属于所得税。而按官方的意义，我国内地物业税与我国香港物业税存在根本差别。我国内地所说的物业税是指对土地和房屋建筑存量价值征收的财产税，是对不动产的保有环节征税，意义与我国香港的差饷税相同，实质为不动产保有税。

1.2.2.5 房产税

目前我国实施的房产税有两种，本文为了区别以新旧划分。一是内地从1986 年开始实施的房产税（指旧房产税，不包括上海和重庆推出的房产税）是以房屋为征税对象，在房产持有环节，按房屋的计税余值或租金收入为计税依据，向产权人征收的一种财产税，相当于我国香港地区的“物业税”。

二是 2011 年颁布的沪渝房产税试点方案中的房产税（指新房产税），和内地所讨论的物业税极为相似，只不过沪渝方案的范围只限于住房，而没有涉及其他房产，其课税的前提是对房地产的持有，相当于我国香港地区的“差饷税”。

1.2.2.6 房地产税

根据前述作为征税对象的房地产有狭义、广义之分，房地产税也存在狭义和广义上的区别。广义的房地产税为有关房地产税收的总称，涉及房地产开发、转让、保有三个环节。狭义的房地产税仅指房地产保有环节设计的税收，是指以法人和自然人拥有或支配的房地产为对象征收的税。也有将其指代为对房地产存量征收的一种财产税。“财产税”“物业税”“不动产税”等这些称谓会因征收房地产税所在地区和国家的差异而被选择使用。

1.2.3 本研究中房地产税和房地产税改革的内涵界定

2011 年我国在重庆、上海开始房产税改革试点，实施对部分保有房产逐年征税，实际上与我国已有的房产税内涵并不一样，但为避免另立新税之嫌，故将其称为房产税改革。但在随后 2013 年的十八届三中全会公布的《中共中央关于全面深化改革若干重大问题的决定》中“加快房地产税立法并适时推进改革”，以及相关国家官员和学者对此政策的解读中都进一步明确提到了该项改革将考虑把土地纳入，对部分税收合并征收，因此在此之后更确切地将其称为房地产税改革。

总之，无论是几年前我国争论是否开征“物业税”，还是近期仍以“房产税”名义在重庆、上海进行的房产税改革的试点，虽在征税范围、税制设计上无明确、统一的方案，但实质上都是强调对房地产保有环节征税，对应前述狭义的房地产税。随后强调对房地产税立法，是在改革的思路上进一步提出了对我国现行的一系列有关地产和房产的税种实行合并征收。可见，改革范围不仅局限于房地产保有环节，更可能向房地产开发、交易甚至经营环节扩展，改革中房地产税的概念对应的是前述广义的房地产税。虽然概念有狭义、广义之分，但都是以不动产为对象征收的税收。这与西方一些国家和地区的“财产税”或“不动产税”具有相同的内涵。

因此，本书中所提到的房地产税与西方国家的物业税、不动产税、财产税意义相同，在考虑房地产税合并征收方案的构想上也兼顾了房地产税的狭、广义之分。后续研究将在相关西方国家不动产税或财产税的理论和实践经验的基础上，来检验和探讨我国房地产税合并征收的经济效应。

需要说明的是，本书所提及的房地产税改革主要指的是房地产税合并征收。而房地产税合并征收是对我国现行有关房地产税种的合并，实质上是征收方式和征收范围上的调整，其实现的经济效应仍遵循房地产税的各项功能效应。因此，本书后续的文献研究、理论基础和实践借鉴都是从有关房地产税的文献、理论和实践分析中展开的。

»1.3 研究综述

此部分相关文献分析主要包括以下几方面：第一，税收的性质与归宿。这是本研究的理论基础。第二，税收的功能与定位。相关研究内容主要包括房地产课税的财政收入说、资源合理配置说等。第三，税收制度的改革与设计。第四，税收的效应分析。主要包括房地产税在经济增长、收入分配、资源配置、地方公共财政等方面的影响。

1.3.1 国外相关研究

在大多西方国家，房地产税是财产税的主要构成部分，无论是在实际相关研究还是从前述内涵实质上看，房地产税往往被“不动产税、财产税”等称谓所代替。并且在西方具有悠久发展历史的财产税，相关文献研究也较丰富，本研究就在相关西方财产税的理论上从以下几方面展开文献综述研究❶。

1.3.1.1 房地产税的税收归宿与性质

房地产税在西方学术界很早就被作为研究对象，尤其在该税的税收归宿研究上成果丰富，具体看可分为以货物税为代表的传统研究与受益论、资本论（亦称之为新论）为代表的现代研究，共同构成了本研究的起点。

传统观点采用局部均衡分析，单独对土地或建筑物征税进行探讨，将房地产税作为货物税展开研究。代表有：威廉·配第分别对土地地租和房屋租金进行了分类讨论，认为地租归宿为地主，而房屋租金却具有不确定性。古典经济学家亚当·斯密也主要研究了地租税和房屋税，认为地租比房屋租金更适合课税，其全由土地所有者承担，房屋税则是由房客和土地所有者支付。此后大卫·李嘉图在代表作《政治经济学及赋税原理》中继续对土地税和房屋税进行了研究。对于土地税他否定了亚当·斯密的观点，而是将其看作产品税，会提升产品价格。关于房屋税，大卫·李嘉图与亚当·斯密的观点一致。再后来，马歇尔在将税收区分为有效税与无效税的基础上对房地产税进行了探讨，认为

❶ 由于国外的财产税、不动产税实质上与本研究的房地产税相一致，结合前述概念定义，故为行文方便，在此综述时，统一使用房地产税概念，后同。

对地基价值征收的无偿税，主要由地基所有者负担，而对建筑物征收的全国一致的无偿税主要是住户承担，对于地方税来说，其并非负担。虽然以上学者都对土地税进行了深入分析，但将土地单一税描述得最详尽的应该是亨利·乔治。他提出消灭贫困的根源在于土地私有，应将地租化为国家税收，取消地价税以外的全部税收，征收土地单一税具有抑制投机，降低征收成本和地价的优势。

而现代相关研究却是围绕受益论与资本论的争论进行的。1956年蒂布托（Charles M . Tiebout）在《一个关于地方支出的纯理论》中，建立了税收支出决定理论的模型，最终提出了房地产税受益论。他认为，居民在对地方公共品选择上的差异往往是采用其居住社区的差异来表达的，即如果该社区提供的公共品和服务能让居民满意，居民往往就会将其作为居住地。社区在此“用脚投票”的机制下竞争，最终实现均衡状态。1969年奥茨（Wallace E. Oates）对Tiebout模型进行了有经验的检验，并在该模型的基础上加入了房地产税因素，研究发现房地产税和公共服务之间的差额能被资本化入社区房地产的价值中，检验了Tiebout模型，但是这个模型却不能防止“搭便车”问题的出现。此后，到1975年，在社区能充分满足居民对社区居住和服务的前提下，Tiebout模型被汉密尔顿（Hamilton，1975）深入拓展，进一步融入了对房地产税融资、市场分区与运作方式的考虑。研究结果却表明：通常居民对居住社区和服务的选取往往与居住地房地产税的差异没有太多直接关联，因为不同居住社区的居民在选择地方公共服务和房屋时并没有太多不同。因此可以说，这是房地产税被当做人头税的由来。

鲁宾费尔（Rubinfeld，1987）研究指出蒂布模型成立需要一系列严格的前提条件，如，对居住社区来说，可供选择的数量充分，形态合适，能满足居民不同需要的差异，且社区服务的边际成本由新居民承担，数量与社区的平均成本相当，不同社区间并不会存在差异，公共品资金的来源主要源自地区一次性税收等。对纳税人来讲，社区居民获取信息充分，对居住地选择不会因个人喜好、经济条件与地理位置的变化而改变。后来，受益论观点被威廉姆·费雪（william Fischel，1985；1992；1998；2001）多次拓展，成为该观点的典型代表。他不光从理论上，更注重从实证上来检验房地产税的受益性性质，分析认为资本化无处不在，正是利用居住区域划分和居民“用脚投票”的偏好，房地产税凸显了其受益性，实现了比地方政府所征收的适用于同样目的税收更佳的优越性。

而与此对立的资本论则由米斯考斯基（Mieszkowski）在1972年提出，并由其和乔治·佐德罗（George. Zodrow）（1983，1986）加以拓展。米斯考斯基认为之前在局部均衡的框架下对房地产税的分析并不科学，应采用一般均衡的分析方法。资本论是将房屋非固定，房屋成本供给完全无弹性，且长期用途不唯一作为了研究的前提。1983年，乔治·佐德罗（George. Zodrow）对哈伯格的税负归宿模型进行研究，认为税负负担主要由资本决定，资产税会使房屋市场供需与地方收支决策偏离正常，成了资本论的坚定赞同者。

总体来看，关于房地产税受益论与资本论的结论都是基于标准的经济模型，每个模型都有一些很严格的假设，其次是以个宗交易为依托进行静态实证分析。可以说，双方都有支撑自身论点的实证证据，两观点的研究前提存在明显差异。在各自的适用范围内，两观点都具有合理性。

1.3.1.2 房地产税与收入分配

关于房地产税与收入分配联系的确定则主要体现在房地产税税收归宿分析理论的基础上对其税收的累进性或累退性判断。即前述所提到的蒂布特（Charles M . Tiebout，1956）提出了著名的“用脚投票”理论，后经奥茨（Wallace E. Oates）、汉密尔顿（Bruce Hamilton）等人验证与拓展的受益论，认为房地产税是公共服务的使用费而不是一种税，不存在税收归宿问题，不作用于收入分配。米斯考斯基（Peter Mieszkowski，1972）用一般均衡方法讨论房地产税，之后由佐德罗（George R. Zodrow，1986）和米斯考斯基（1989）拓展的新论则认为房地产税实际是对资本征税，具有累进性。而更早以威廉·配第、亚当·斯密、大卫·李嘉图为代表的传统货物论观点采用局部均衡分析，认为对土地和建筑物征税最终都具有累退性。

1.3.1.3 房地产税对城市扩张的影响

城市扩张是指城市边缘不断外扩的过程，是一个国家现代化过程中经济、社会与环境共同作用的必然结果，可能带来诸如城市过分庞大、通勤时间过长、交通过分拥挤，甚至影响收入分配等诸多负面效应（Nechyba and Walsh，2004）。国外学者在房地产税与资源配置方面就房地产税对城市扩张的影响有着深入、广泛的研究，且主要是基于对其负面效应成因的探究，从制度层面展开的分析研究。代表有阿诺特和麦金农（Arnott and MacKinnon，1977）使用非标准模型分析框架提供了纯粹居民模型的模拟分析，但没有对房地产税的影响给出确定的答案。沙利文（Sullivan，1985）分别针对居民财产与商业财产，对房地产税的空间效应进行了模拟分析。Turnbull（1988）利用非静态时间模型探讨了以房地产税为代表的系列财政工具在寻求最佳时间规模方面对城市带来的冲击。研究发现，从发展空间上看，房地产税与城市扩张速度呈反比例关系。McMillen（1990）从变化是否可以预见，以及时间长短的视角就房地产税与住宅开发的关联性进行研究，认为两者的关联性并不受房地产税变化是否可预见的影响，而是与税率的增长有关，其增长越快，开发的速度就越快。Voim与Gyourko（2002）就城市扩张是否受税费补贴的限制展开研究。Brueckner和Kim（2003）假定市场属于完全竞争，以房地产税与城市扩张的关联性为研究对象，利用无效城市边界扩张理论建立了一个一般均衡模型，认为房地产税对城市空间的影响是模棱两可的：一方面在城市人口数量与人均居住面积不变的情况下，征收房地产税会导致城市单位土地面积开发强度下降，如要保持人均居住面积不变，必将扩大城市地域面积；另一方面，房地产税的征收会加重居民住房消费的成本，会导致部分居民因成本增长而缩减居住面积，从而让单位人口密度提高，城市空间缩小。Brueckner（2005）进一步针对城市扩张如何受城市交通与税收的影响进行了研究。沿着这一思路，作为理论延展，一些学者就房地产税的影响进行了经验分析。Song，Y. 和 Y. Zenou（2006）利用多个替代弹性变量发展了对数效用函数模型，研究发现增加房地产税会明确地降低城市规模，更高的房地产税确实会导致较小的城市规模。H. Spencer Banzhaf 和 Nathan Lavery（2010）采用宾夕法尼亚的土地利用和人口的数据，探讨了城市扩张，土地和房地产税税率，证实了分级的房地产税税率将提高资本与土地利用率的理论预测。

1.3.1.4 房地产税与地方政府、公共服务

实践中，房地产税在多数西方国家业已成为地方政府财政的主要税种。正如，奥茨（2000）以美国为研究对象，总结了房地产税与地方政府的关系，认为房地产税能起到提供财政收入和帮助有效制定地方财政政策的双重作用。对此，国外学者更为关注的是房地产税与地方政府提供公共服务间的关系。较早的研究是Musgrav（1939）提出的“因公共品的收入和支出无法自愿交换，会导致‘搭便车’的情况产生”。对此，Tiebout（1956）在提出Tiebou模型时也

提到 Musgrav 的研究只适用于联邦政府的支出，对于地方政府的支出并不适用。因为地方居民可以用“用脚投票”来实现自己的偏好，完成资源的有效配置，即帕累托最优，这将导致地方政府在提供地方公共设施及其服务时可能不会受到前述“搭便车”的干扰。后来正如在前述受益论的逐步形成完善中所表述的那样，Oates、Hamilton、Rubinfeld、Fische 等人陆续拓展实证检验，并提出分区法来不断验证房地产税与地方政府间的关系。可以说，“房地产税是受益税”的观点实质上就是研究房地产税与地方公共设施与服务关系的学说。此后还有学者对此不断验证和完善，如普林斯基和沙维尔（Polinsky and Shavell，1976）提出“在特定条件下，如果税收高出全国平均水平，那么地区价值将会受到房地产税的限制，随之带来地方财政收入缩减，会给地方公共品供给造成负面影响”。吕克纳和萨维德拉（Brueckner and Saavedra，1998）则采用博弈论对地方政府在房地产税税率制定上的竞争关系展开研究，发现地方政府在制定房地产税税率时确实会受到其他地方政府相关政策的影响。Caplan（2001）将房地产不可移动的特性作为研究点，运用模型验证了地方政府可以通过房地产税来避免 Tiebout 所提到的价值压力。

1.3.1.5　房地产税对居民消费的影响

房地产税的变化将会对居民带来怎样的影响？国外学者从理论和实证的角度做出了非常丰富的分析。以近期研究为例，代表有：Cătălina Cozmei，Muler Onofrei（2012）探讨了在罗马尼亚的商业房地产市场的竞争性和税收之间的关系，研究了房地产税和对耐用品垄断者租赁和销售战略行为的影响。Ralph M. Braid(2013）提出了一种分为局部地区和国家的均匀分布线理论模型，认为如果一级政府征收的销售税和小区的房地产税，每个税收管辖权的空间范围是积极的和有限的，那么销售税率小于住宅房地产税率，住房消费将是不理想的。Michael A. Kilgore（2014）用定量和定性的研究方法探讨了房地产税与地区森林，认为高房地产税是影响森林所有者决定出售其土地的主要因素。Jae-Cheol Kima，Min-Young Kimb，Se-Hak Chunc（2014）分析了房地产税收对耐用品垄断者的租赁或销售策略的影响，并讨论了其对社会福利的影响。

1.3.1.6　房地产税改革及限制

多数西方资本主义国家因纳税人的公平要求屡次出现针对房地产税的革

命，提出对房地产税进行限制。如20世纪70年代，美国掀起对房地产税进行限制的热潮。学术界对此也提出不同的观点。虽然杰弗里·布伦南（Geoffrey Brennan，1979）、海伦.F.拉德（Helen F.Ladd，1982）、菲歇尔（1989）、菲戈利奥、奥沙利文（Figlio and O.Sullivan，2001）、内森.B.安德森（Nathan B.Anderson，2006）等就限制房地产税改革的研究结论并不一致，但都肯定了房地产税在公平及效率上的缺陷性。

此外还有学者关注现代房地产税限制所带来的影响。如普勒斯顿和凯尼斯基（Preston and Ichniowski，1991）根据1976–1986年间房地产税限制对地方财政收入的影响，认为房地产税限制会带来地方政府财政收入结构的改变，即政府间的转移支付会随同地方财政收入来源中房地产税的降低而降低，其他方式获取收入的提高而提高。菲戈利奥（Figo.Liou，1997）通过研究地方政府对税收限制的反映，提出税收限制会导致地方政府削减服务投入而不是管理投入。这与戴伊和麦圭尔盖（Dye and McGuire）（1997）的结论刚好相反。夏尔斯（Shires，1999）采用判断地方政府是否控制地方财政收入的方法，比较分析了加州地方财政收支波动在1978–1995年间的表现，认为地方财政将出现剧烈缩减的情况。华莱士.E.奥茨（Wallace.E.Oates，2001）还在《财产税与地方政府财政》一书中提出地方房地产税改革主要有税率限制、税收减免等形式。税率限制在某种程度上将妨碍地方房地产税对高效预算决策的鼓励，而房地产税收减免则会损害地方政府财产系统的效率。

而其他社会主义国家，一些经济转型中国家或发展中国家，因实践时间短，经验少，改革效果并不显著，相关研究也不丰富。

1.3.2 国内相关研究

我国针对房地产税的相关研究，从20世纪80年代就逐步系统地展开，尤其到2003年我国提出要开征物业税，学术界的相关探讨和争论也日趋热烈。以下就结合本课题的研究内容，对相关研究做一个简单的梳理。

1.3.2.1 关于房地产税的功能与性质

就房地产税的功能在我国学术界有着不同的观点，基本都是在提议开征物业税时提出的。如李波（2006）认为房地产税改革应以财政收入的功能为主，资源配置及调控收入分配等功能为辅。刘尚希（2007）依据房地产税是地方税种，也提出了其职能应定位于地方财政收入，而非调控的职能。庞凤喜（2008）提出，目前房地产税改革的任务是完善税制、保证收入及收入调控，但是不宜将房地产税作为经济管理的工具。张青（2009，2010）将房地产税职能定位于财政收入、产权保护和土地资源配置。贾康（2010）也将房地产税的功能归纳为：改造土地财政，为地方政府提供充足的收入，稳定市场持续健康发展，以及发挥收入再分配的作用。

同时，就房地产税性质的研究，学者们更多的是围绕我国房地产税在地方税种中地位的确立而展开的。胡怡建（2004）认为，房地产税的收入归属应由地方政府自行决定，通过设置分享比例来分配收入。吴利群（2005）列举了房地产税作为地方主体税种的良好秉赋。李波（2007）通过考察房地产税的质与量两个方面，提出我国房地产税应该定位为省以下政府的主体税种。刘尚希（2007）从税收性质和税种标准两个方面论述房地产税应该是地方税主体税种。

可见，国内对房地产税的探索在功能与性质方面开展得较早，且成绩斐然。虽然具体就房地产税功能的定位有所不同，但都肯定了其在财政收入、收入分配、资源配置方面的功能。对房地产税应作为地方税种的设定也得到了较一致的认可。

1.3.2.2 关于房地产税改革与设计

随着我国社会、经济与财税体制的发展，出现了对旧有房地产税改革的要求，表现在对政策变动和学术探讨两个方面大量有益的讨论。政策上，围绕2003年拟开征物业税，到物业税空转、沪渝房地产税试点，以及目前提出的房地产税合并进行探讨。学术上，则包括了对房地产税改革进展缓慢的分析，对房地产税现状与缺陷的探讨，对国际房地产税征收的借鉴，以及对具体税收方案的选取等方面的研究。在此仅选取学术界最关注的是否对土地征税的研究进行说明。目前的主流观点也是提出将房产和地产合并统一征税。早在2000年召开的全国部分省市房地产税研讨会上就形成了房地合一，统一征税的共识（王平，2000）。此后研究中，安体富、王海勇（2004），吴俊培（2004），许一（2004），邓宏乾（2006），张青、张再金（2012），对此也提出了相同的观点。但也有部分学者岳树民（2004），钟晓敏、叶宁、程瑶等（2005），从物业的角度出发提出了否定的观点。

1.3.2.3 关于房地产税与地方公共财政

关于房地产税与地方公共财政的研究，主要体现在有关土地出让金问题的争议上，如房地产税制改革中将如何处理与土地出让金的关系？房地产税改革是否包括土地出让金？如包括土地出让金是一次性缴纳还是按年缴纳？房地产税改革是否会造成地方政府公共财政的缺口？不同的学者和专家从2003提出拟开征物业税以来各抒己见，形成了鲜明的对立意见，这也奠定了本研究中房地产税模拟检验研究方案的基础。对此本书在第三章有详细的归纳与阐述。

1.3.2.4 关于房地产税与资源配置、城市扩张

就房地产税与资源配置方面我国学术界早在十多年前就开展了热烈的讨论。如周小川（2003）提出采用以未来房地产税稳定的现金流为担保发行市政建设债券的资本融资方式来解决市政建设资金匮乏问题。此外韩世同（2004）、娄洪（2004）、傅明光（2005）等都从不同角度对房地产税及城市资源配置展开了讨论，得出了丰富的结果。此后也有大批学者就此进行了实证分析和探讨。而国内就房地产税与城市扩张的相关研究甚少，且已有研究主要是从房地产税对房价的影响展开。如张再金（2008）以理论研究的形式，通过假设一般形式的消费者效用函数，利用静态一般均衡分析了在封闭的城市内，房地产税对房地产投资的扭曲所导致的对城市空间结构如土地价值、人口密度等的影响。王智波（2010）采用比较静态分析和数值模拟研究方法，将土地权属和再开发等因素引入土地开发与房地产税的模型，考察了房地产税对土地利用效率的影响。郭宏宝（2011）基于城市扩张现象，研究房地产税的住房价格效应，并进行相应的经验分析，认为简单地讲房地产税能够降低或推高房价都可能是草率的。

1.3.2.5 关于房地产税与公平收入分配

国内有关房地产税与公平收入分配的研究并不多，已有的研究也主要是剖析了房产税的累进性。具有代表性研究的是陈多长（2005）主要从理论上剖析了房地产税是否具有累进性认为要具体情况具体分析。石子印（2011）结合税负归属和收入结构，分类研究了不动产的累进性，认为房地产税有利

于缓解公众收入差距，但存在加大公众收入差距的因素。陈哲（2011）从税负分配情况与公平性效应进行分析，认为房地产税存在“U 形税率曲线”，应对自住者采用累进税率，而对投资者采用低累进税率。以上研究主要从理论上多角度多层次剖析了房地产税的累进性，但结合我国实际情况的实证检验研究却非常少。

1.3.2.6 关于房地产税与经济增长

各项税收政策与经济增长的关系研究，国内主要是从宏观税负的角度开展实证分析。马栓友、王军平等对此作了大量实证研究，但就具体税种对经济增长的影响的研究很少。代表主要有：王琦（2006）就增值税和营业税对经济增长的影响展开研究，认为两税与经济增长之间存在长期稳定的正向关联。何辉（2011）研究发现金融市场利息税、印花税对经济增长具有反向作用。据此认为，税种的差异会反映到税收给经济增长带来的影响的差异上，这在利用税种结构进行研究时尤其要注意。这刚好与石子印（2008）的观点相一致。此后，高玲玲（2012）使用 CGE 模型从房地产资本税对房地产市场的影响入手，进而研究其对各部门经济和各主要宏观变量的影响，认为提高税率会引起房地产价格上涨和房地产业的产出增加，对宏观经济和部门经济有调控功能。但该研究只涉及房地产开发与交易阶段的税收，未能体现持有环节房地产税的影响。

1.3.2.7 关于房地产税与居民消费

国外在房地产税与消费领域进行了多角度深入的探讨，而目前国内相关研究主要是局限于通过房地产税作用于房价进而给居民带来的影响。巴曙松、刘孝红（2011）等通过对市场问卷调查数据的统计分析，检验了房地产税开征给不同类型，不同收入层次的购房需求者带来的不同影响。郭洪宝（2011）利用福利经济学与行为经济学理论，从个人住房消费的非理性及我国住房市场存在的扭曲的假设基础出发，从理论上考察了差别房地产税对存在连带外部性住房市场的影响，认为差别房地产税有助于增进居民的整体福利。

1.3.3 简要评述

从国外相关研究看，现有的房地产税文献丰富，内容也各具特点，但大多数的研究文献实际都是基于房地产税税收归宿在不同视角的进一步深化和拓展。对于房地产税改革等相关讨论均是建立在对房地产税作为地方主体税种的肯定所展开的，并且税种数目简化，功能明确，这与我国目前的房地产税税收的实际情况并不相符。其他众多西方的相关理论是在不同假设基础上正确的逻辑结论，且大多根植于西方市场经济理论，并以其历史久远的房地产税为社会基础。我国缺乏西方国家的市场经济基础，更没有长期的房地产税征收的实践经验。因此，在对国外房地产税收经验的借鉴上还要考虑我国的实际国情。

相比国外研究，首先，从研究的类别看，目前我国有关房地产税的研究主要集中于对税制要素的探讨，针对房地产税经济效应方面的研究文献并不丰富，在相关理论模型构建、实证模拟检验方面就更为缺乏。产生这一情况的客观原因主要是我国的房地产税改革起步较晚。

其次，从研究的广度和深度上看，国内房地产税经济效应方面的研究文献都较为匮乏。已有的在房地产税对城市扩张、居民消费、国民经济影响的研究中，主要也是通过房地产税的价格效应进行分析探讨，得出的结论并不统一，除此有关房地产税经济效应之外，其他方面的研究就更为薄弱。房地产税与土地财政、土地出让金方面的研究尚未达成共识。基础实证数据的严重不足，也是目前房地产税改革面临的一大瓶颈。

再次，从研究的方法与内容看，已有的研究采用静态研究居多，定量分析仍显不足。房地产税改革对居民消费、政府行为的动态影响乃至我国国民经济、其他相关行业的影响鲜有涉及。尤其针对房地产税合并征收的实证研究不足，这既制约了对房地产税改革全面、深刻的认识，也影响了对房地产税改革的设计与完善。

最后，从研究思路看，缺乏对房地产税改革方案与口径的界定，更谈不上对不同房地产税合并征收改革方案与口径间经济效应的对比分析。例如在研究房地产税改革中，房地产税合并方案的差异是否会反映到财政收支的具体情况变化上还尚未得知，目前的探讨主要局限在分析房地产税改革是否会改善地方土地财政状况上。

»1.4 研究内容、技术路线和方法

1.4.1 研究内容与技术路线

1.4.1.1 研究内容

本研究主要是针对目前我国房地产税收现状以及典型国家和地区房地产税征收情况，分析提出三种房地产税合并征收的可能方案，并据此从其发挥房地产税功能效应和对微观主体影响的角度出发，对比模拟检验不同方案下房地产税合并征收的经济效应，为我国房地产税改革提供参考意见。研究内容具体安排如下：

第一部分，问题提出。包括：研究背景和意义，房地产税等相关概念的界定，对国内外相关研究理论的梳理，本课题研究内容、研究方法等。

第二部分，我国房地产税合并征收方案的提出。借鉴典型国家与地区的房地产税征收的实践国际经验，并结合我国房地产税现状及有关国内研究，提出了三种我国房地产税合并征收的方案。

第三部分，房地产税合并征收经济效应的理论基础。除系统探讨房地产税在财政收入、资源配置、收入分配、分享房地产溢价方面的功能外，还从税收经济效应理论和制度供需理论两方面奠定了本研究的理论基础。

第四部分，实证检验。此部分主要是在三种不同的合并征收方案下分别从税收功能效应发挥和对微观主体影响的角度就我国房地产税改革的经济效应进行模拟检验。税收功效发挥方面包括：房地产税合并征收对中国经济以及主要相关行业的影响；分收入阶层分税率对房地产税的收入分配效应进行了实证分析；基于城市扩张的角度模拟检验房地产税合并征收的效果。而对微观主体影响方面，则从房地产企业、政府、居民三方不同的利益主体，分别对其企业经营业绩、地方财政收支，居民消费的影响进行了研究分析。

第五部分，总结及建议。根据前述理论分析和实证模拟检验对比，总结了目前我国可能提出的这三种房地产税合并征收方案的经济效应，并就我国国情，对房地产税改革的方案及相关制度设计提出建议。

1.4.1.2 技术路线

本研究的技术路线如下：

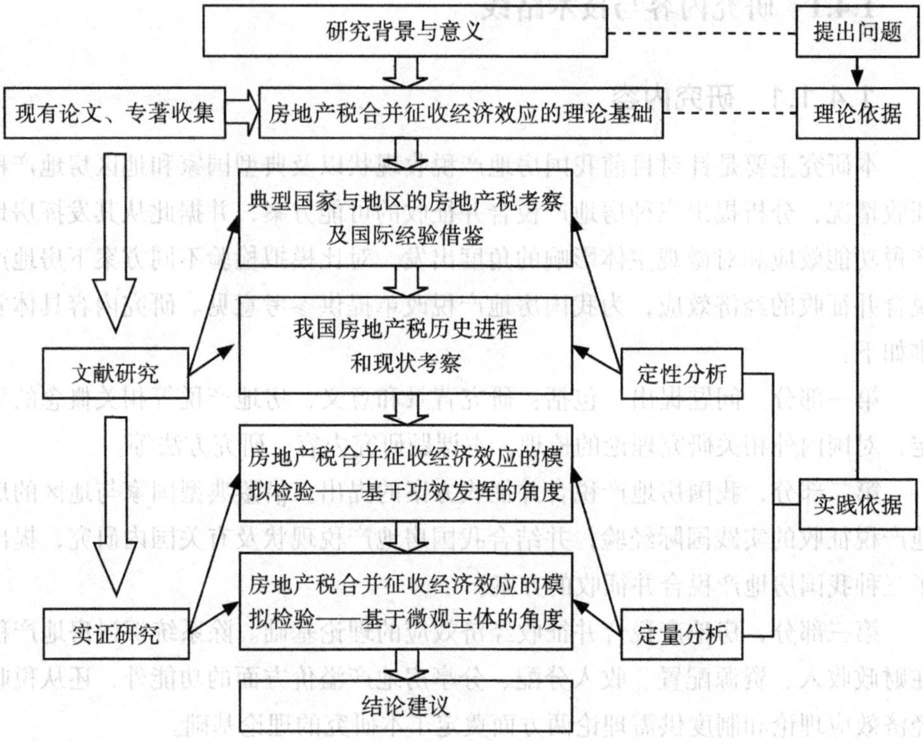

图 1.1　研究的技术路线图

1.4.2 研究方法

1.4.2.1 文献分析法与比较分析法相结合

目前，除重庆、上海开展的房产税试点外，我国的房地产税改革还处于理论探讨阶段，尤其实践经验极度匮乏。而国外经过几百年的房地产税的实际运用发展，不但相关理论文献全面、深入，而且在实践方面积累了丰富经验，这些成果和经验能为我国房地产税改革提供参考与借鉴。此外，通过对典型国家和地区房地产税实践运用的对比分析，提炼和归纳出我国房地产税改革可能的思路与方案，为后续房地产税合并征收的经济效应检验奠定了基础。并且后续模拟检验时，部分内容还分税率、分征税范围、分地区进行了对比分析。因此，本研究在理论研究部分主要采用文献分析法，在国内外实践借鉴部分主要采用比较分析法。

1.4.2.2 定性分析与定量分析相结合

本研究的实证分析部分，为了后续经济模型的建立，首先定性分析有关经济变量间的传导联系，如房地产税对经济增长、行业影响的传导关系、房地产税与城市扩张的关系等；另一方面，借助数量分析来描述房地产税与某些经济变量，如房价、土地租金收入、人均收入等之间的相互关系，这属于定量分析的方法。

1.4.2.3 规范分析与实证分析相结合

本研究在借鉴典型国家和地区房地产税的实践经验，结合我国现行房地产税实际情况，参考已有研究，构建出我国房地产税合并征收的方案，这也属于规范分析的方法。根据提出的房地产税合并征收方案进一步模拟检验了其经济效应，这采用的是实证分析方法。

»1.5 研究的创新及展望

本书的创新主要在于：

一是研究角度新。已有研究主要是关注于一个角度，分散讨论房地产税影响的某一方面，而本书综合考虑了房地产税合并征收的经济效应，从税收功效与微观主体的角度多方面分别进行了模拟检验，部分研究还进行了区域差异化情况检验，让研究视角更宽广，研究内容更深入、全面。

二是研究内容新。按三种不同合并征收的改革思路多角度地出发，研究了房地产税改革，尤其实证检验了房地产税对房地产企业业绩、政府财政和中国经济及相关行业的动态影响，丰富了国内该方面的研究。

三是大量采用实证模拟分析。运用了多种模型对房地产税合并征收导致的经济效应进行模拟与量化，部分研究内容还从房地产税对该地区的整体结构是否产生了实质性影响进行实证分析，为房地产税合并征收提供了较全面的实证研究数据。

研究的不足主要在于因部分税收数据的匮乏和本人水平所限在部分实证研究中没能进一步深入和完善。例如，由于在房地产税收入分配功能模拟检验中无法获取不同收入阶层其他相关税收数据，仅从全国层面以旧房产税为基础展开分析。在探讨房地产税对经济增长的影响时，因无法获取各行业土地出让金的数据，在实证模拟时只选取不含土地出让金的方案进行了测算。这都是基于理论使然及可操作性的探讨。在对微观主体影响的模拟检验方面没能将房地产税改革对居民、企业、政府的影响放在一个一般均衡框架下来分析，以得出更准确的结论。这既是由于著者水平所限，也是由于相关数据的匮乏所造成的。数据的缺失在一定程度上制约了研究更全面有效地实证模拟检验。

此外，本书提出的房地产税合并征收方案还显粗浅，主要是从征收的税种和环节来考虑，诸如税率确定和存量房地产如何征税等细节问题尚不明确，这也使本书在研究内容和研究方向上具有一定的局限性。因此，进一步搜集丰富的数据，采用更详细的方案模拟检验房地产税改革的经济效应，从而不断完善对房地产税的研究是未来的一个研究方向。

第二章 典型国家和地区房地产税征收的实践借鉴

研究发现，市场经济的国家普遍都会考虑征收房地产税，并在各国政府的财政结构中占有很大的比例。虽然各国在征收房地产税时，具体方案的制定、拟预期实现的目标可能均不一致，实施时国家的经济发展甚至是土地制度、政治制度也存在迥异，但是依然存在相同点。那么从已有的其他国家和地区的成熟经验和发展共性看，将会给我国房地产税合并征收方案的制定带来怎样的借鉴呢？这是本研究需要关注的问题。因此，本节主要通过对典型国家和地区房地产税的比较研究，梳理其共性和差异，总结出这些国家和地区实施的房地产税给我国房地产税改革带来的启示，为后述提出的我国房地产税合并征收方案提供了进一步实践借鉴的证明，也为后文按方案进行经济效应的模拟比较提出了要求。

»2.1 典型国家与地区的房地产税考察

2.1.1 房地产税基本情况概述

一般来讲，房地产的开发、交易和保有等环节均会被囊括到一国的房地产税制设计中，本书前述已将研究的理论基础主要建立在狭义的房地产税范畴，因此本节仍从房地产保有环节的税收开展研究。典型国家和地区选取了美国、英国、德国、韩国、日本、新加坡、中国香港、中国台湾，主要是基于美、英等发达经济国家的税收制度的完善性，发展历史悠久具有代表性。韩国和我国地缘近，在经济、历史、文化等方面具有较多的相似之处，城市、人口、房地产市场的发展背景也相近。自从20世纪80年代，日本经历了一系列房地产市场的波动，这与目前我国房地产市场的发展状况极其相似，日本多次采用房地产税进行调控，有经验值得借鉴。新加坡的房地产税制较为完善，政府保障住房制度特色明显，土地公有制的地权背景与我国相同。香港地区作为我国经济发展的前沿特区，地位特殊，一直是我国房地产市场学习的榜样，其房地产税具有特色。我国大陆和台湾地区房地产市场存在许多相似之处，都视房地产业为经济的支柱产业之一，均存在房价偏高、房屋空置较高等问题，均采用了包括税收在内的宏观调控手段，其房地产税制具有借鉴的基础。

从表 2.1 可以看出，典型国家和地区房地产税的名称并不一致，且除英国的营业房屋税属于中央税外，其余均为地方税种。征税规模上，虽然整体上房地产税的收入规模在许多国家和地区的税收收入总额中所占比重并不很高，但其占地方税收收入的比例却相当大，大多已成为地方政府财政收入的重要组成部分。例如早在 2007 年美国房地产税占地方政府税收的比例高达 84.62%，包括美国在内的经济合作与发展组织（OECD）国家这个比例的平均值也达到了 36.64% [1]。从纳税期限看，除英国、日本、中国香港采用每年多次缴纳外，其余多数国家和地区都是采用按年缴纳的方式，以确保房地产税的及时征收。

表 2.1　　　　典型国家与地区房地产税概述

国家（地区）	税收名称	税　种	征税规模	纳税环节	纳税期限
美国	财产税或称不动产税	地方税	地方财政收入的主要来源，约占地方财政收入的 30%，地方税收的 50%–80%	保有环节	按年缴纳
英国	住房财产税	地方税	地方政府征收的唯一税收，是地方财政收入的重要来源，约占地方财政收入的 25%	保有环节	10 次 / 年
	营业房屋税	中央税	—		按年缴纳

❶ 引自 0ECD.StatExtracts

续表

国家（地区）	税收名称	税　种	征税规模	纳税环节	纳税期限
德国	土地税	地方税	总量上仅占全部税收收入的 2%，但对市政税收收入的贡献达到 10% –20%，成为地方政府继分享所得税和房地产交易税后的第三大税种	保有环节	按年缴纳
	房产税或称不动产税	—		保有环节	按年缴纳
韩国	财产税	地方税	2005 年韩国地方预算中，地方税收入的 49.8%来源于财产税类。其中，绝大部分又来源于以土地和建筑物等不动产为征收对象的房地产税	保有环节	按年缴纳逐年提升
	城市计划税	地方税		保有环节	按年缴纳
	共同设施税	地方税		保有环节	逐年增加
	综合不动产税	地方税		保有环节	按年缴纳
日本	固定资产税	地方税	在日本地方财税收入中所占比重较大，2005 年为 8.86 万亿日元，占地方政府税收收入的 45.3%	保有环节	4 期 / 年
	城市规划税	地方税	—	保有环节	4 期 / 年
新加坡	财产税	无中央税和地方税之分	占财政收入的 5%–7%	保有环节	按年缴纳
中国香港	物业税	地方税	—	保有环节	2 次 / 年
	差饷税	地方税	为地方政府稳定的收入，占地方政府收入约 7%，现约为 3%	保有环节	4 期 / 年
中国台湾	房屋税	地方税	—	保有环节	按年缴纳

资料来源：作者根据相关资料整理

2.1.2 房地产税基本要素比较

一般税收的基本要素包括：课税对象、纳税人、征税范围、计税依据、税率、税收优惠六个方面。本书将从税收六个基本要素出发，进行典型国家与地区的房地产税比较。

2.1.2.1 课税对象

根据税法相关理论，课税对象又叫征税对象、征税客体，指税法规定对什么征税，是征纳税双方权利义务共同指向的客体或标的物，是区别一种税与另一种税的重要标志。虽然各国房地产税采用的税种模式有差异，但都是对土地和房屋进行的课税。具体可以划分为四种形式：一是对土地、房屋统一征税；二是对土地、房屋分别单独征税；三是只单独对土地征税；四是只单独对房屋征税。从典型国家和地区的房地产税的课税对象看（表 2.2 和表 2.3），大多数经济发达国家如美国、英国、德国、韩国、新加坡采用的是对土地与房产统一征收房地产税的方式，且采用这种方式的国家和地区最为普遍。采用方式二对土地、房屋分别单独征税的代表有日本、荷兰、中国香港、中国台湾等。可以说，大部分国家和地区都将土地和房屋建筑合并定义在房地产税的税基中征税。

表 2.2　　典型国家和地区的房地产税的课税对象

国名（地区）	课税对象
美国	土地、房屋统一课征
英国	土地、房屋统一课征
德国	土地、房屋统一课征
韩国	土地、房屋统一课征
日本	土地、房屋分别课征
新加坡	土地、房屋统一课征
中国香港	土地、房屋分别课征
中国台湾	土地、房屋分别课征

资料来源：作者根据相关资料整理

表 2.3 部分其他国家房地产税的课税对象

类 型	国 家
土地和房屋统一征收	澳大利亚、新加坡、法国、葡萄牙、加拿大、墨西哥、印度、印度尼西亚、菲律宾、阿尔及利亚、智利等
单独征收土地税	意大利、奥地利、匈牙利、荷兰、泰国、澳大利亚、爱沙尼亚等
单独征收房屋税	荷兰、波兰、坦桑尼亚等

资料来源：作者根据相关资料整理

2.1.2.2 纳税人

纳税人亦称纳税义务人、课税主体，是税法上规定的直接负有纳税义务的单位和个人。房地产税的纳税人通常为房地产的保有人，包括房地产的所有人或使用人。实践中具体规定一般有三种情况：一是仅规定房地产的所有人为纳税义务人；二是仅规定房地产的使用人为纳税义务人；三是规定房地产的所有人、使用人均为纳税义务人。从表 2.4 可以看出，除英国的住房财产税、中国香港的物业税、中国台湾的房屋税采用第三种方式外，其余税种均采用第一种方式。可以说是目前绝大多数国家和地区的房地产税纳税人都是房地产的所有者。对于纳税人的确定因素，国内有学者认为与该国的土地所有制有关系（谢群松，2002），国外学者则认为，“房地产税纳税人的确定与其采用的计税依据存在大体的对应关系，一般以市场价值为计税依据的国家，多规定房地产的所有者为纳税人，而使用年度租金收益为计税依据的国家则更趋向于规定房地产的使用者为纳税人（William J. McCluskey，1991）”。[1]

表 2.4 典型国家和地区的房地产税的纳税人

国家（地区）	税收名称	纳税人
美国	财产税	所有者
英国	住房财产税	所有者、使用者
	营业房屋税	所有者

[1] 摘自 WJ Mccluskey.Comparative property tax systems[M]. England：Avebury，1991.

续表

国家（地区）	税收名称	纳税人
德国	土地税	所有者
	房产税	
韩国	财产税	所有者
	城市计划税	财产税的纳税义务人
	共同设施税	所有者
	综合不动产税	所有者
日本	固定资产税	所有者
	城市规划税	
新加坡	财产税	所有者
中国香港	物业税	所有者、使用者
	差饷税	所有者
中国台湾	房屋税	所有者、使用者

资料来源：作者根据相关资料整理

2.1.2.3 计税依据

计税依据是指计算应纳税额的根据，是课税对象的量的表现。一般开征房地产税的国家和地区的计税依据主要分两种：按房地产价值和按房地产面积，即从价计税和从量计税。通常我们可以按照市场价值、租赁价值、评估价值三种方式来计价房地产价值。这两种方式对比的基本情况见表 2.5。

从表 2.6 可知，典型国家和地区普遍采用的按房地产价值作为计税依据，尤其是按市场价值数量众多，其次是采用按评估价值计税，由于在实际中评估价值占市场价值的一定比例，两者往往带有一定的共性。也有采用租赁价值的，如新加坡的财产税和中国香港的物业税。租赁价值实际上是资本化的房地产价值，实质上也可以看作按市场价值计税。总之，既能动态地反应纳税人的实际资产变化情况，也能满足征税人需要税收收入契合社会经济发展、资产价值增加的趋势，采用房地产价值往往成为确认计税依据的主要方式。

表 2.5　　不同计税依据的对比

名　称	定　义	优　点	缺　点
按面积计税	一是先确定每平方米的应纳税额，然后按纳税人占有或使用面积乘以适用税率计算应纳税额；二是先估算某区域的房产的市场价值，再乘以房产面积，得出房产的估算市场价值，再乘以确定的税率	税额稳定，税收收入稳定，计征简便易行，征管成本较低	税制缺乏公平；税收收入缺乏弹性
按价值计税	一是按评估价值计税，即评估部门评估出的市场价值乘以一定的计税价值比例作为征收房地产的依据；二是按市场价值为计算依据；三是按租赁收入为计税依据	税基丰富有弹性；增强了地方政府提供社区公共品和服务的能力；市场价值能反映纳税人的纳税能力，有利于税收公平；按租赁收入计税征管较为简便，能体现经济发展带来的升值与纳税人的应税能力	对房地产交易市场环境、评估水平、税收征管的要求较高

资料来源：罗涛，张青，薛钢．中国房地产税改革研究[M].中国财政经济出版社，2011.

表 2.6　　典型国家和地区房地产税的计税依据对比

国家（地区）	税收名称	计税依据
美国	财产税	大部分州直接将评估的市场价值作为税基价值，少数州采用评估价值乘以税基比率作为计税依据
英国	住房财产税	市场评估值
	营业房屋税	
德国	土地税	地产状态和成交土地价格得出的同类土地纳税价值；农用地为土地产出价值，非农林用地为土地本身的价值
	房产税	市场评估值
韩国	财产税	市价标准额
	城市计划税	相应财产税的课税标准额

续表

国家（地区）	税收名称	计税依据
韩国	共同设施税	土地、建筑物及船舶的价额
	综合不动产税	2007 年前仍是政府公示价格，之后为市场价格
日本	固定资产税	市场评估值
	城市规划税	
新加坡	财产税	估算的年租值
中国香港	物业税	租金
	差饷税	应课差饷租值
中国台湾	房屋税	房屋现值

资料来源：作者根据相关资料整理

2.1.2.4　征税范围

征税范围亦称征收范围或课税范围，一般是指征税对象的范围。它是税法规定的征税对象和纳税人的具体内容或范围，即课税征收的界限。凡是列入征税范围的，都应征税，不列入征税范围的不征税。可以看出，典型国家和地区都对本国境内或本地区内的所有房地产征税，但通常会对农村或农业用地实行税收优惠。

表 2.7　典型国家和地区房地产税的征税范围对比

国家（地区）	税收名称	征税范围
美国	财产税	美国境内（包括城镇和农村）
英国	住房财产税	境内居民自用、租用住宅
	营业房屋税	境内营业性的房地产
德国	土地税	境内（包括农村）的所有土地、地面建筑
	房产税	出租的住房

续表

国家（地区）	税收名称	征税范围
韩国	财产税	境内拥有不动产就缴，包括土地、建筑物、住宅
	城市计划税	对土地、建筑、住宅负有财产税的纳税义务者
	共同设施税	境内相关设施
	综合不动产税	境内土地和建筑物
日本	固定资产税	境内房地产、折旧资产
	城市规划税	城市化区域内、开发区内的房屋和土地
新加坡	财产税	境内所有住房、土地、建筑物，包括政府保障房屋
中国香港	物业税	地区内拥有租金收入的土地、房屋、建筑物等物业（不包括农业用地，但包括码头）
	差饷税	地区内的房屋及建筑物
中国台湾	房屋税	地区内的房屋及附属建筑物

资料来源：作者根据相关资料整理

2.1.2.5 税率

税率是应纳税额与税基的比例，被称为计算应征税额的尺度，是税制的中心环节之一。房地产税的纳税义务一般就是按房地产评估价值乘以税率来确定的。因此，在给定的税基规模下，房地产税税率决定了房地产税可能产生的收入多少，是影响政府税收和纳税人税收负担的最重要决定因素。由于房地产税主要多为地方税，其税率的决定权多由地方政府自行决定，如美国、英国、日本、中国香港、中国台湾等。或是由联邦或中央统一制定税率，地方政府可进行相应调整，如德国、韩国等。

在税率形式方面，房地产税税率一般分为三种：比例税率、累进税率和定额税率，其优缺点具体见表 2.8。

表 2.8　　各种税率形式比较

名　称	定　义	优　点	缺　点
比例税率	对同一课税对象，不论其数额大小，按同一固定比例征税	税负平衡；计税简便，征管便捷，征税成本较低	采用统一比例纳税，量能纳税体现不充分，在引导小户型、中低档住房消费方面有局限
定额税率	采用单位固定税额按建筑面积征税	计税简单明了，组织收入及时、可靠；税收负担稳定；稽查简便，征收成本较小	对住房价值的变化没有体现，税后公平性较差
累进税率	根据课税对象价值大小划分若干等级，一般课税对象数额越大，税率越高	充分体现量能纳税，税收负担比较公平；对纳税人住房价值调节作用明显	征税计算工作量大，及时方便性较差；征管费用多，征税成本较大；累进级距如过大，会影响纳税人对持有住房的信心

资料来源：罗涛，张青，薛钢．中国房地产税改革研究[M].中国财政经济出版社，2011.

以上三种房地产税征税的税率形式各具特点，从典型国家和地区采用的房地产税税率看是以比例税率为主，如美国、英国、德国、日本、中国香港，中国台湾、韩国（除综合土地税），仅韩国的综合土地税、新加坡对自住用房征收的财产税采用累进税率。

表 2.9　　典型国家和地区的房地产税的税率对比

国家（地区）	税收名称	税　率
美国	财产税	根据预算和税基变化情况而不断变化，各州自行规定，名义利率 3%–10%，实际利率 1.2%–3%
英国	住房财产税	各地政府制定，共九个层次，每个层次规定一定的应纳税额的比例
	营业房屋税	财政部逐年核定或变更，税率提高幅度不得超全国平均通货膨胀指数

续表

国家（地区）	税收名称	税　率
德国	土地税	以地产种类的不同采用的税率也不同，例如：农业生产用地为 6‰，建筑用地为 2.6‰ -3.5‰，独户住宅价值小于 75 000 马克的税率为 26‰，独户住宅价值大于 75 000 马克以上的部分税率为 3.5‰，双户住宅的为 3.1‰。其他建筑用地为 3.5‰
	房产税	1%-1.5%
韩国	财产税	不同课税对象税率不同
	城市计划税	单一税率 0.15%，可根据特别市、广域市、市、郡的条例，对相应年度的税率调整，但最高不得超过 0.23%
	共同设施税	消防共同设施税适用 0.05%-0.13% 的超额累进税率；对污水、水利设施及其他公共设施的共同设施税适用 0.023% 的比例税率
	综合不动产税	累进税率
日本	固定资产税	标准税率为 1.4%，最高税率为 2.1%
	城市规划税	税率由地方自定，但不能超过 0.3% 的最高限制税率
新加坡	财产税	2011 年自住住宅为 0、4%、6% 的累进税率，其余为 10%
中国香港	物业税	每一纳税年度调整一次，如 2008-2009 课税年度起为 15%，2007-2008 课税年度是 16%
	差饷税	每一纳税年度调整一次，最高 18%，目前为历史上最低点 5%
中国台湾	房屋税	按房屋的实际用途分别制定税率，税率在 1.38%-5%

资料来源：作者根据相关资料整理

此外，房地产税税率的设置针对房地产类型的差异或一些特殊物业设计了差异化的税率。具体体现在：一是对土地与土地改良实施差别对待税率。二是对农地和农地物业采用较低的优惠税率。如在英国农业用地是不计入其计税税基，美国所获得的农业用地的投机价值按规定可以从税收中扣除。三是对住宅与非住宅差别对待。如美国规定允许将个人自住房屋缴纳的房地产税作为个人收入的抵扣项目，抵减个人所得税。新加坡对自住住宅实行累进税率，而对其他统一实行高税率。四是对城市闲置土地征收较高的房地产税。中国台湾对个人私有空地将按宗地价格的 3 倍 –5 倍加重征税。五是因区位差异采用不同税率。如美国各州包括土地在内的房地产税税率都不一样，大城市的税率相对较高。

2.1.2.6 税收优惠

税收优惠是指税收主权国家为实现一定的社会、政治或经济目的，通过制定倾斜性的税收政策法规来豁免或减少经济行为或经济成果的税收负担，是国家利用税收杠杆对社会经济运行进行调控的一种手段。❶ 一般主要有免税、限定起征点、免除额、税款返还等方式。也有采用降低计税价值的比例来减轻纳税人的税收负担，或者针对特定人群、特定类型的房地产实施一系列不同的税收优惠政策，达到税收公平或政府转移支付功能。从典型国家和地区的税收优惠看就体现了这样的基本思路。从表 2.10 可以看出，各国具体的房地产税税收优惠不尽相同，但在以下几方面存在共性：

一是几乎所有国家或地区都对政府所有或占有的房地产免征房地产税。甚至有些国家对于外国大使馆、领事馆也采用免税政策，如日本等。二是对于诸如宗教、教育、慈善和文化等公益性的房地产都会获得免税，甚至非盈利的私人学校、医院、孤儿院等也可获得免税。三是对特定类型的房地产采取税收优惠。部分国家对居民居住的第一套房免税，如德国、中国香港等。部分国家对农用土地进行征税优惠，如英国、中国香港等。四是多数国家针对特殊房地产所有人采取税收优惠。主要体现在低收入人群、残疾人、退伍军人等。如美国有 30 个州，对退伍军人的自住住宅实行一定固定金额的免税。

❶ 摘自陈玉琴，马慧娟 . 缅甸新投资法对我国企业“走出去”的影响研究 [J]. 法制与社会，2013.

表 2.10 典型国家和地区的房地产税税收优惠对比

国家（地区）	税收名称	税收优惠
美国	财产税	各级政府拥有的房地产与设施、公共道路、公园、学校、军事基地以及宗教组织和非营利机构等拥有的房地产均免缴房地产税，各县、市（镇）约有超过一半的房地产不用纳税；2. 对于政府、教育、宗教、慈善等非营利性组织免税；3. 大部分州对于老人、退伍军人以及残疾人实行减免；4. 部分州对家庭自住的房屋也设一定的减免；5. 35 个州规定当纳税人缴纳的财产税超过纳税人收入比例的部分实行退税或是抵免；6. 多数情况下免税优惠可以累加
英国	住房财产税	1. 折扣政策。住房财产税以一个家庭有两个成年人为标准来计算税款的，如果是一个成年人单独居住在自己的主要居所里，可以享受相当于应纳税额 25% 的扣除；如果某住房属于居住者的第二套住房，则该房产可享受 50% 的减税；2. 减免政策。对残疾人士按其房产所在等级的下一级的相应税额纳税；3. 优惠政策。对九大类人员免税，如未成年人、学生、医士、学徒、医院或疗养院的病人、照顾残疾人的保姆、宗教人士、国防外交人员及社区税豁免者等
	营业房屋税	工业、运输业中的空置房屋免税；农业用地、教堂免税；慈善机构拥有的房屋只需缴纳应纳税额的 20%；空置房中，工业建筑及年租金小于一定限额的小型房产免税；其余房屋空置期超过 3 个月的，减半征税。地方政府有权扩大减免范围，但减免税额的 25% 将由地方政府承担
德国	土地税	1. 对公共土地（如公园，墓地）、当局公共的土地及建筑物、联邦铁路、教堂、医院、科研和教育机构，以及军用设施和市政公司等，实施土地税豁免政策；2. 1981-1991 年间在前东德领土内建立的住房，可免缴土地税 10 年
	房产税	对居民自有自用的第一套住宅（不包括度假村）不征收房产税，只可按宅基地征收土地税

续表

国家（地区）	税收名称	税收优惠
韩国	财产税	1. 下列房地产免税：政府拥有的不动产；与韩国政府具有互惠豁免权的外国政府拥有的不动产；宗教组织拥有的不动产；学校和教育组织拥有的不动产；用于社会福利的不动产，如医院、孤儿院和市政建筑；文化机构，如博物馆、历史古迹；乡镇或村庄公有产权的不动产；2. 有些建在新工业区的不动产可以获得临时性免税
	城市计划税	
	共同设施税	
	综合不动产税	
日本	固定资产税	1. 免征政策。免征的范围包括：用于宗教寺庙、社会公益福利机构、国家和地方政府、外国大使馆、领事馆等房屋免税；2. 优惠政策。规定了固定资产税的起征点。应税资产的评估值如低于以下值，则可免于征税：土地 300 000 日元，房屋和建筑物 200 000 日元，商业有形资产 1 500 000 日元；符合住房供给政策规定的住宅用地，在 200 平方米内实行减税措施等
	城市规划税	
新加坡	财产税	政府公共宗教用地、政府出资建造的公共学校、慈善机构及对新加坡社会发展有益的机构免税；从 1991 年 4 月起，空置住房进行建造工程，可获退税优待为两年，但住宅为所有人自行使用；1995 年 3 月起，对开发之用的土地在开发期内免税，免税期为 5 年
中国香港	物业税	1. 免税情况有：（1）对于自有物业，若全部自有自住则完全免税；部分自住部分出租的物业只有自住部分免税；部分自住部分经营的物业全部不能免税。（2）对于空置物业，即在课税年度没有被占用的，业主可获免税。2. 下列项目可免征物业税或减征物业税：（1）租金无法收回的房屋；（2）政府物业；（3）商业楼宇；（4）业主自住楼宇；（5）闲置物业；（6）某些祖传房屋等
	差饷税	1. 税收优惠：（1）政府、城市理事会和地区理事会的房屋；（2）农业用地和建筑（包括鱼塘、菜市场、苗圃和果园）；（3）用于公共宗教祭祀的物业；（4）军事用地；（5）领事馆房屋；（6）遗留的农村住房（由新界土著村民所有）；（7）香港房业管理部门管理的村舍或临时住房区；（8）墓地或火葬场。此外，某些其他的占用者（例如志愿福利组织）有义务缴纳差饷，但可以从政府得到补贴。2. 还可按供水情况来扣减

续表

国家（地区）	税收名称	税收优惠
中国台湾	房屋税	房屋现值未达10万元新台币的可以免于纳税；私有房屋仅在规定现值以下才享受免税待遇

资料来源：作者根据相关资料整理，张华燕．论房产税制改革[D]．天津大学，2011．
刘勇锡．我国物业税立法研究[D]．华中师范大学，2011．

2.1.3　房地产税功效分析

以上典型国家和地区制定的房地产税不尽相同，各自也发挥了不同的功效。具体情况见表2.11。

表2.11　典型国家和地区房地产税的功效对比

国家（地区）	主要影响
美国	房地产税是地方政府和学区收入的最主要来源，直接提供地方政府的公共产品，维持地方公共服务，比如消防急救、公共安全、社会福利、公立教育等，尤其大部分用于支付学区的义务教育费用。因此，美国出现了到下情况，房屋市场价值较高的社区往往是好的学区，其相应的公共配套设施也相对完备
英国	英国房地产税的多手段、多角度，避免了单一手段被市场力量化解。对非住房征收的房地产税由地方政府负责收取，中央政府按地区人口数量统筹下拨分配，其目的是为了避免严重的贫富分化，鼓励贫困地区发展。因此，在社会不平等问题突出、收入差距大的英国，房地产税的征收有效地配置了资源，提高了社会福利水平，尤其在调节贫富差距方面效果明显，经济稳定增长，在世界独树一帜
德国	以严厉的税收政策抑制房地产投资者，并将房地产视为重要的刚性需求与民生需求，形成了德国房价10年不涨，甚至在金融危机时仍继续保持平稳态势，实现了维持房价无大波动，遏制房地产炒作的预期目标
韩国	为遏制房地产投机行为、促进社会公平，韩国实施系列房地产税来调节国民行为，使其房地产投机现象得到了很好的控制，房价也基本得到了稳定，对稳定该国个房地产市场发挥了重要作用

续表

国家（地区）	主要影响
日本	地方公共品的主要来源，为地方政府提供了稳定收入来源，也是调节贫富差距、补贴低收入者的重要手段，并对抑制房地产投机，保障房地产市场稳定起到了积极作用
新加坡	房屋供给由政府控制，居民住房需求得到极大满足，房地产投机行为几乎不存在。调节了收入，缩小了贫富差距，抑制了高端房地产泡沫的形成
中国香港	主要用于香港警察的粮饷，以及其他公共服务和设施，如路灯、供水和消防等，并为香港政府带来稳定可靠的收入。不与房地产市场调控挂钩，在政府收入状况好或经济危机发生时，将宽减房地产税作为一项惠民政策，实现了房地产税与香港经济的协同发展
中国台湾	创造了相对稳定和丰厚的财政收入，对于遏制稀缺土地资源因投机性大量囤积而闲置浪费现象的出现发挥了积极作用

资料来源：作者根据相关资料整理

»2.2 典型国家与地区房地产税的特点与启示

2.2.1 特点

从典型国家和地区房地产税的基本情况看，具有以下特点。

2.2.1.1 具有强调房地产保有环节的完整的房地产税收体系

当前多数国家针对房地产都具备了一套较为全面的征收体系，且都是采用广义的房地产范畴进行认定，其税收体系主要包括了保有、取得、流转三大环节，但都尤其注重房地产保有环节课税，即对持续持有房地产的征税。从遏制房地产投机，促进土地合理流动，资源合理配置看，提高保有环节的税收，降低流转环节税收是总的发展趋势。

2.2.1.2 课税对象以土地和建筑物统一征收为主

理论上，房地产税的课税对象的本质为土地、房屋及地上附着物。所选取的典型国家和地区均经济发达，以土地与建筑物统一征收方式为主，但无论是采用土地与建筑物统一征收还是两者单独征税，土地和建筑物均为课税对象。反观大多发展中国家和经济转轨国家，尤其是土地资源紧缺的国家，由于存在着土地问题突出、房地产市场发育不成熟、经济快速发展过程中土地投机现象比较严重以及估价方法和技术条件不具备等问题，征税对象以土地为主。

2.2.1.3 计税依据偏重从价计征

计税依据方面，选取的典型国家和地区均采用以房地产市场价值为主的从价计征，即以房地产的资本价值或评估价值为基础。体现了从价计征主要在评估技术较完善、经济发展水平高的发达国家采用，而反之，评估技术不完善，经济发展较低的发展中国家和经济转轨国家常使用从量计征。

2.2.1.4 征税范围广阔

各国房地产税都实行普遍征收的原则，征税范围广阔，在范围上既并不作城市地区和农村地区之分，也不作住宅和非住宅之分，更不用考虑购置方式是新购还是旧有，只要是房地产，除特定免征对象外，绝大多数一律需纳税。此外，征收制度公开公平，同时适用于居民纳税义务人和非居民纳税义务人。

2.2.1.5 税率设定以地方政府为主，形式多样，税负设置适度合理

各国房地产税的税率都是通过法律来设定，在税率形式上多数经济发达国家，一般采用比例税率。税率设定以地方政府为主，由中央政府规定税率变化的幅度，地方政府所规定的幅度自主调整，形式灵活多样、有固定税率也会定期调整。税负设置上遵循适度合理的原则，将土地和房屋区别对待，采用差异化的税率，并为保护土地资源，通常对土地征收高于房屋的税率，以此满足房地产税作为一项财税手段在缩小社会贫富差距、合理资源配置、遏制不当房地产投机、调整房地产市场结构等方面发挥调节作用。

2.2.1.6 针对房地产用途设定减免且优惠方式多样化

大多数发达国家都是针对用途而非所有权进行减免。税收优惠方法主要包括免税、确定起征点和免除额、实行税款返还，也有采用降低税基的做法来减轻纳税人的税收负担。优惠对象大多为宗教、教育、慈善等非营利组织、政府拥有的财产、医院和墓地、老人和残疾人、农业用地，有利于体现税收的公平。

2.2.1.6 开征目的和实施效果各异，占财政收入的比例也不同，但多属于地方税，是地方财政收入的主要来源

从实践看，各国或地区开征房地产税征收的目的与效果有很大的不同。一般在税收属于中央政府和地方政府共享的国家，尤其是发达国家中房地产税占地方财政收入中的比重相对较高，属于地方主体税种之一，是地方财政收入的主要来源，地方政府征税积极性高。各国政府，尤其是地方政府都十分重视房地产税收。

2.2.2 启示

总结以美国、英国、德国、新加坡、韩国、日本、中国香港、中国台湾为代表的典型国家和地区实行的房地产税收制度，对我国房地产税合并征收的借鉴主要有以下几点：

第一，国房地产税制的设计受本国税制、政治体制，乃至经济发展不同阶段的影响。前述研究已分析了房地产税在经济发达与不发达的国家和地区中的共性，这提示我国在借鉴经验改革房地产税时，应统筹兼顾我国在税制、政治体制、经济发展的实际情况，制定既能兼顾多数共性又符合我国国情的房地产税改革方案。就房地产赖以存在的基础——土地来看，在土地的所有权方面，美国、英国、德国、日本、韩国主要实行的土地私有制，中国台湾地区实行的是土地公有制与土地私有制的综合发展，新加坡和中国香港实行的是与中国内地大体相同的土地公有制度。因此，除英美等典型国家和地区的房地产税成功经验可参考外，新加坡和中国香港的实践经验对我国房地产税合并征收具有更多的可借鉴性。

第二，税收的征收环节要恰当。典型国家和地区在房地产征税环节的设计上，一般都体现了“重保有，轻流通”的特征。究其缘由，要实现房地产税在

财政收入、资源配置、收入调节、市场结构调整、遏制投机、稳定市场发展等方面发挥功效，这都离不开对房地产税征收环节的合理选择。因此，我国房地产税合并征收方案的构建要能重点体现房地产税保有环节，简化其他征税环节。

第三，税种设计要简化。目前“简单宜执行”是国内外房地产税制设计普遍发展的方向。这样的设计思路具有有效消除重复征税，减少征收成本的优势，便于纳税人接受，提高征税成功率。因此，对现行各房地产税收进行简化合并奠定了我国房地产税合并征收的思路基础。

第四，征税目的要明确。明确税收征收的目的是有效地进行税制设计的前提。只有税收目的明确了，才能设计出一套针对性强，可行性高，便于纳税人接受，减少争议的税收体系。因此，我国在实行税种合并前有必要对房地产税合并征收的目的进行明确。

第五，征税范围、税负负担要合理。前述典型国家和地区在确定房地产税征税范围时均不加区分地指向拥有房地产的居民，仅对部分特殊对象，在符合规定条件后才能获得税收上的减免优惠。而税负设定上，均普遍采用低税率，且方式灵活多变。“宽范围，低税负”的征税设计兼顾了征税对象的普遍性和特殊性，也考虑了居民对税收的承担，提高征收效率。因此，虽然我国部分房地产税并不涉及住宅居民，但是考虑到不增加居民税收负担，提高对房地产税改革的认可度，实行房地产税合并应对其征税范围有明确的界定，征税税率也不易过高。

第六，健全房地产价值评估体系和房地产税收立法体系。实践表明，房地产税运行得比较成功的国家都离不开相关的配套措施，如科学规范的房地产价值评估体系以及严谨完善的房地产税收立法体系，这将有利于房地产税收的有效运行。因此，我国房地产税合并征收的顺利实施还必须关注其配套设计的推进。

»2.3　小结

本章通过对典型国家和地区的房地产税基本情况的分析，并对房地产税的基本要素设计和实施功效两方面进行对比，归纳了其特点，最后对后文我国房地产税合并征收方案的设计提出了实践借鉴。

借鉴主要有：设计初期尤其要结合国情，除英美等典型国家和地区的房地产税成功经验可参考外，新加坡和中国香港的实践经验对我国房地产税合并征收具有更多的借鉴作用；考虑居民的接受度设计房地产税制；应简化税种，重保有环节，降低管成本，提高征税效率；征税范围和对象要合理，征收目的要明确，兼顾征税公平性的同时提高纳税人的积极性。

可见，本书第三章所提出的我国房地产税合并征收方案的思路是对现有相关税种的逐步简化、合并与调整，并非开辟新税，这刚好契合了本章的实践借鉴。而后文就所提房地产税合并征收方案在实现房地产税的各项主要功效和对微观主体影响方面进行了经济效应模拟检验，也是出于征收目的要明确的考虑。可以说，本章是为后文房地产税合并方案的设计思路提供了进一步的实践证明，而后续按方案进行经济效应的模拟比较则是顺应了本章启示所提的要求。

第三章 我国房地产税征收的现实及合并征收方案的提出

我国房地产税制度在不断演变中发展，至民国时期已相对完善。尽管由于种种原因，这套税制最终并未在全国范围内实施，但其蕴涵的思想已基本符合现代税收理论要求。新中国成立后，我国的房地产税制度随社会经济发展几经变迁，最终演变为目前房地产税的局面。本章对目前我国房地产税的现状和影响进行分析，借鉴前述典型国家和地区房地产税征收的实践经验并结合国内各专家和学者的研究思路提出了我国房地产税合并征收的三种方案，构成对我国以合并征收为特征的房地产税经济效应检验的前提。

»3.1 我国房地产税的发展

房地产税的发展在我国历史悠久，其最早的文字记载是出现在夏朝专门针对土地的“田赋”，按每年田地收获的十分之一作为征税金额缴纳给朝廷。此后，我国几千年的封建社会发展中，“田赋”一直被当时国家或政府作为聚敛财富的主要手段。而对房屋的征税，最早则可追溯到先秦古书中《周礼》的描述“掌敛廛布而入于泉府”。其中“廛布”意指当时朝廷对居民房屋一种征税，可谓最早的以房屋为征税对象的税种。封建社会中对土地和房屋征税的税种并不统一，差异较大，因此本书不再详细论述封建社会中的房地产税。

3.1.1 近代

我国近代的房地产税是国民政府在借鉴西方税制的基础上，结合中国实际情况建立起来的，无论在房地产税收思想、税收制度还是在税收管理上都获得了一定程度的发展。具体而言，国民政府以土地为征税对象建立起了包括地价税、土地增值税与土地改良物税在内的土地税体系；以房屋为征税对象统一了房捐。

表格 3.1 归纳了我国近代房地产税发展的乱象，也显示对如今房地产税改革值得参考的地方。近代各地在征收房地产税时因地区差异，征管权限主要集中在省级政府手中，导致各地具体征收情况的差别明显，这是近代我国房地产税征收的主要特征。尽管如此，该时期各地在征税时均强调住宅属性，将其划分为自住和租赁而区别对待，并将符合优惠条件的部分住宅实行免税。

表 3.1　近代我国房地产税主要政策

时　间	主要政策回顾
1912 年冬	财政被划分为中央财政和地方财政，这是我国财政史上第一次采用分级管理。田赋属于中央税，应由中央控制，田赋附加和房捐属地方税。但实际情况却是，田赋往往被地方政府所截留与控制，成了地方财政的主要构成部分
1914 年 3 月	《房税条例草案》被颁布，扩大了房税征税范围，并将所有住房和商铺都包括进去，规定住房征税税率为租金的 5%，商铺征税税率为租金的 10%，房东和租赁者各自负担税收的 1/2，此外房税取代原房捐
1917 年 3 月	《房捐章程》被颁布，房捐的称呼重新使用。规定房捐采取按季度征收的方式，征税率有所下降，其中商铺征税率下降为租金的 5%，住房征税率下降为租金的 3%，第一次提出针对居民的自有住房按出租房估价征税
1927 年 11 月	《国家收入地方收入划分暂行标准》被颁布，国明政府将房捐纳入地方收入体系，奠定了其地方政府收入主要渠道的地位
1941 年	《房捐征收通则》被颁布，明确了房捐的征收范围并不包括农村地区，但住户数量未超过一百的城市地区也不需征税
1943 年	《房捐条例》被颁布，规定了住宅出租税率是 10%，自用房按房屋现值的 1% 征税，将政府机关、各类学校、单间自有住宅、不能居住的住宅纳入到免税范围，并将房捐的纳税人首次明确规定为房屋所有权人

资料来源：作者根据相关资料，王翔．住宅房地产税研究 [D]. 东北财经大学，2011. 等整理

3.1.2　新中国成立后

关于新中国成立后的我国房地产税发展历程，相关学者展开了研究和归纳。这里综合借鉴了北京大学中国经济研究中心宏观组（2007）根据房地产税的演进与发展将我国1949年以后房地产税收发展划分为四个阶段，还有杜雪君（2009）根据房地产税税收政策历程将我国房地产税收发展划分为四个阶段，最终将1949年到至今的我国房产税发展大致划分成了初始、萎缩、恢复以及完善四个阶段，具体见表3.2。

表3.2　新中国成立后我国房地产税主要政策

时　间	主要政策回顾	影　响
初创阶段（1949年–1972年）	地产税、房产税、遗产税的提出始于《全国税政实施要则》，该条例在1950年1月由中央颁布，随后同年5月《地产税暂行条例（草案）》和《房产税暂行条例（草案）》也被相继颁布；2. 城市房地产税出现在1951年8月公布的《城市房地产税暂行条例》，该条例还提出了房地产税由地产税和房产税二合一	据此，房地产税、印花税和契税共同构成了建国初期我国房地产税制体系
萎缩阶段（1973年–1983年）	1973年，规定房地产的管理部门、个人、外商投资企业均被作为房地产税的征税对象	受无偿使用城市土地，职工住房归国家所有，提倡精简税收的影响，房地产税与契税的征收大幅缩减，进入了房地产税发展的萎缩阶段
恢复阶段（1984年–1993年）	1. 1984年10月重新对征收房产税，规定城市房地产税由房产税和土地使用税组成；2.《房产税暂行条例》、《耕地占用税暂行条例》和《城镇土地使用税暂行条例》在1986–1988年由国务院颁布	标志着我国房地产税制开始恢复

续表

时　间	主要政策回顾	影　响
完善阶段（1994年－至今）	1. 1994年开始提出征收土地增值税，并就房地产税在计税依据、征税范围等方面进行了改革；2. 1997年10月开始执行修改后的契税条例，并于1999年12月中央政府公布了开始征收房产转让的所得税；3. 2006年－2008年原有《城镇土地使用税暂行条例》与《耕地占用税暂行条例》被逐年逐步修订；4. 2009年城市房地产税被中央政府废除，外资企业以及外国人士均需要按《中华人民共和国房产税暂行条例》缴纳房产税；5. 2011年1月，重庆、上海颁布细则开始了房产税试点	房地产税制加紧了系列税制改革，房地产税逐渐完善

资料来源：作者根据相关资料，杜雪君，房地产税对房价的影响机理与实证分析[D]，浙江大学博士论文，2009. 等整理

可以看出，随着社会环境的变化，我国房产税的发展也相应地经历了若干次变革，形成了从纳税人内外统一、房屋与土地合并征税到纳税人内外相异、房屋与土地分别征税，再到纳税人内外统一、房屋与土地分开征税的发展轨迹。即一方面我国的房地产税制由房屋与土地合并征收逐渐演变为房屋与土地分开征收的税收制度；另一方面，在处理内资与外资方面，房地产税改革走出了统一、相异、再统一的税改道路。

»3.2　我国房地产税的现状

3.2.1　我国房地产税的基本内容

一国的房地产税制受本国经济体制、社会发展的影响，也与房地产业的兴衰息息相关。我国现行的房地产税制是在1994年分税制改革的基础上形成的。其中直接以房地产为征税对象的税种有5种（城市房产税因在2009年已经被

废除，故不纳入研究）（表 3.3），再加上间接与房地产有关的税种可以达到 11 种，按课税环节可以分为房地产开发、交易、保有、出租四大环节。（表 3.4）

表 3.3　　　　我国目前直接涉及房地产的税种

税　种	税　率	征税范围	征税对象	计税依据	应纳税额
耕地占用税	5–50 元 / 平方米	占用耕地建房、从事非农业建设	占用耕地建房或者从事非农业建设的单位或个人	实际占用面积	耕地面积 × 单位税额
契税	3%，普通住宅减半，商业用房 5%	境内转移土地、房屋	产权承受方	契约价格	计税金额 × 税率
城镇土地使用税	0.6–30 元 / 平方米	城市、县城、建制镇、工矿国有区	土地使用单位或个人	实际占用面积	土地面积 × 单位税额
土地增值税	累进税率，30%–60%	国有土地使用权、地上建筑物及附属物，不含以继承、赠予方式无偿转让房地产的行为	房地产企业	增值额	增值额 × 使用税率 – 扣除项目金额 × 速算扣除率
房产税	1.20%	自用	房屋所有人	按房产原值一次扣减 10%–30% 后的余值	房屋余值 × 税率
	12%	出租		房产租金收入	租金收入 × 税率

资料来源：作者根据相关资料整理

表 3.4 我国涉及房地产方面的税种

环 节	税 种
房地产开发环节	耕地占用税、城镇土地使用税、印花税、营业税、城市维护建设税、企业所得税
房地产交易环节	契税、印花税、土地增值税、企业所得税（或个人所得税）、营业税、城市维护建设税
房地产保有环节	房产税、城镇土地使用税
房地产出租环节	营业税、房产税、城市维护建设税、印花税、城镇土地使用税

资料来源：石坚、陈文东，房地产税制的国际比较[M]，北京：中国财政经济出版社，2011.

3.2.2 我国房地产税的地位

3.2.2.1 房地产税在全国财政中的状况

从全国情况看（表 3.5），2012 年我国在房地产保有环节的房产税和城镇土地使用税合计 2914.21 亿元，仅占全国财政收入的 2.49%，占全国税收收入的 2.90%，即使加上土地增值税、耕地占用税、契税，也只有 10127.99 亿元，分别只占全国财政收入的 8.64% 和全国税收收入的 10.07%。

表 3.5 2012 年我国中央、地方财政收入与房地产税收入 单位：亿元

项 目	国家财政收入	中 央	地 方
合计	117253.52	56175.23	61078.29
税收收入	100614.28	53295.20	47319.08
房产税	1372.49		1372.49
城镇土地使用税	1541.72		1541.72
土地增值税	2719.06		2719.06
耕地占用税	1620.71		1620.71
契税	2874.01		2874.01

资料来源：2013《中国统计年鉴》

3.2.2.2　房地产税在地方财政中的状况

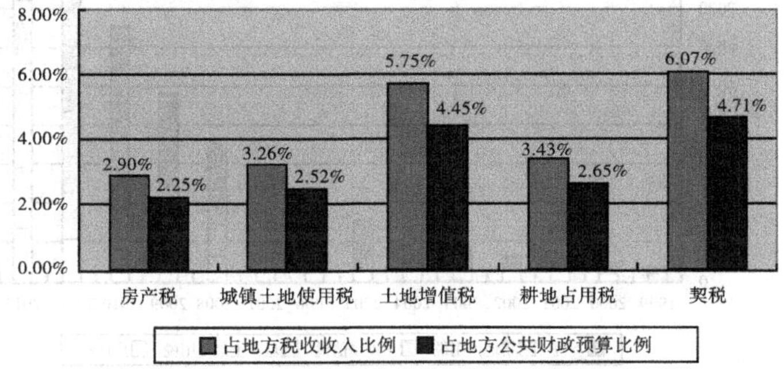

图 3.1　2012 我国房地产税所占比例

资料来源：根据 2013《中国统计年鉴》相关数据计算所得

以 2012 年我国房地产税税收情况为例，从表 3.5、图 3.1 可以看出，目前我国房产税、城镇土地使用税、土地增值税、耕地占用税、契税都是地方税，分别占地方税收收入和地方财政预算的比例是 2.29% 和 2.25%，3.26% 和 2.52%，5.75% 和 4.45%，3.43% 和 2.65%，6.07% 和 4.71%。整体上各税种所占的比例并不大，即使契税所占份额最大，其比例也未超过 6.10%，而属于房地产税保有环节的房产税和城镇土地使用税所占比例分别排列最后，如金额最小的房产税仅 1372.49 亿元，占地方税收收入和地方财政预算的比例仅有 2.29% 和 2.25%。即使将房产税和城镇土地使用税两者所占比例相加也只分别占地方税收收入和地方财政预算的 6.16% 和 4.77%。

在税收结构方面，从各税种（图 3.2），及其占房地产税收入（包括城镇土地使用税、土地增值税、契税、耕地占用税、房产税）比重看（表 3.6），1999 年到 2012 年我国房产税在房地产税收收入中的比重呈下降趋势，而契税的比重迅速上升。在 1999 年，房产税占了全部房地产税收入的 48.48%，是我国房地产税中最主要的税种，城镇土地使用税占 15.62%，契税占 25.37%。随后房产税逐年下降，到 2005 年，该比例下降到 27.41%，同期契税达到最高值 46.22%。城镇土地使用税最高值则在 2008 年出现，为 22.34%，但同期房产税已下降到 18.61%，契税达到 35.76%。到 2012 年房产税比重为 13.55%，城镇土地使用税比重是 15.22%，契税仍达到 28.38%。

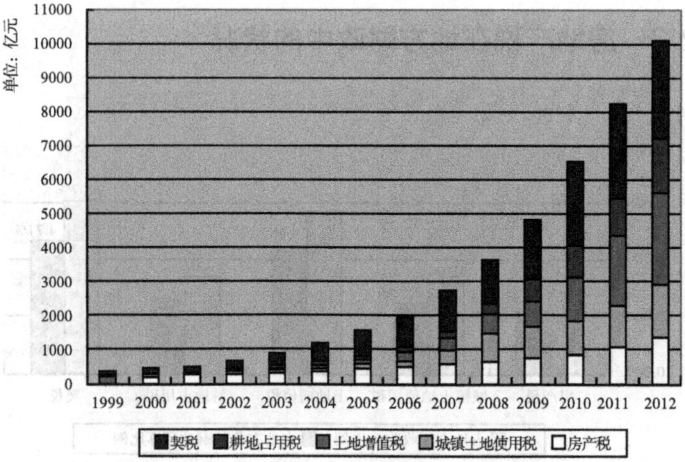

图 3.2　1999-2012 年我国房地产税情况

资料来源：历年《中国统计年鉴》

表 3.6　　1999-2012 年我国各税占房地产税的比重

年　份	房 产 税	城镇土地使用税	土地增值税	耕地占用税	契　税
1999	48.48%	15.62%	1.80%	8.73%	25.37%
2000	46.64%	14.43%	1.87%	7.87%	29.20%
2001	45.66%	13.22%	2.06%	7.66%	31.40%
2002	41.76%	11.36%	3.03%	8.48%	35.36%
2003	35.96%	10.17%	4.14%	9.98%	39.75%
2004	30.33%	8.80%	6.21%	9.94%	44.72%
2005	27.41%	8.63%	8.82%	8.92%	46.22%
2006	26.24%	9.01%	11.80%	8.72%	44.23%
2007	20.89%	13.99%	14.63%	6.72%	43.78%
2008	18.61%	22.34%	14.70%	8.60%	35.76%
2009	16.70%	19.14%	14.95%	13.16%	36.05%
2010	13.69%	15.38%	19.58%	13.61%	37.75%
2011	13.40%	14.85%	25.07%	13.07%	33.61%
2012	13.55%	15.22%	26.85%	16.00%	28.38%

资料来源：作者根据历年《中国统计年鉴》相关数据计算所得

再从各税占地方税收收入和地方财政预算比重看（图 3.3，图 3.4），保持了与上述分析一样的变化趋势。总体上，除房产税外，其余均保持了逐渐上升的发展态势。尤其契税的比重迅速上升。1999 年房产税为 183.36 亿元，占地方财政预算的 3.28%，占地方税收收入的 3.75%，为其最高点。同期城镇土地使用税为 59.06 亿元，所占比重分别仅为 1.06% 和 1.21%。到 2008 年，城镇土地使用税所占地方财政预算比重达到最高点 2.85%，同期房产税所占比重缩减为 2.37%，契税迅速上升为 4.56%。到 2009 年，城镇土地使用税所占地方税收收入比重达到最高点 3.52%，契税继续上升为 6.63%，同期房产税所占比重缩减为 3.07%。此外，土地增值税所占的比重上升较快，到 2012 年已达到 2719.06 亿元，位居第二位。

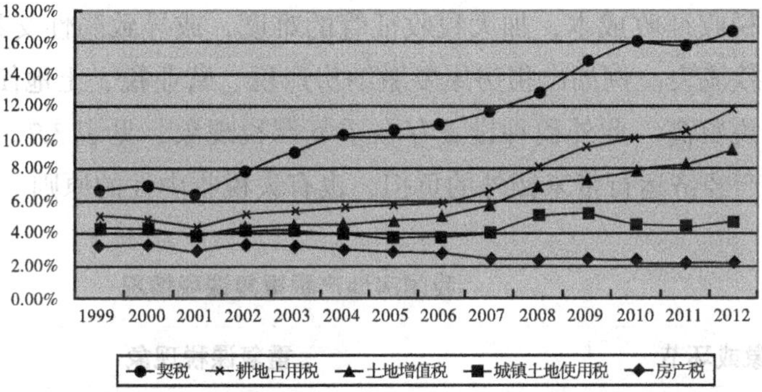

图 3.3　1999-2012 年我国各税种占地方公共财政预算的变化

资料来源：作者根据历年《中国统计年鉴》相关数据计算所得

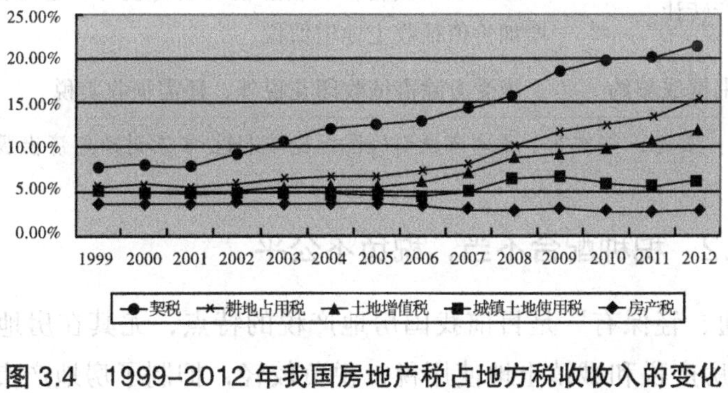

图 3.4　1999-2012 年我国房地产税占地方税收收入的变化

资料来源：作者根据历年《中国统计年鉴》相关数据计算所得

以上说明，目前我国各项房地产税税收具有一定的波动性，这与政策性调整有一定关联。虽然近几年房地产税有了较大的增长，但仍不具有地方主体税种的地位，其占据地方财政收入的比例也明显不高，尤其在房地产保有环节的房产税和城镇土地使用税方面这种情况尤为明显。

3.2.3 我国房地产税存在的问题

通过对以上基本情况与地位的分析，显示出目前我国房地产税存在以下几方面的问题：

3.2.3.1 税种多，存在重复征税

我国现行税收中涉及房地产的税种有 11 种，遍布房地产各环节。税种多势必会加大税收征收成本，加大税收征管的难度，或导致隐性交易大量存在，造成国家税款流失。例如出租房屋要缴纳房产税、营业税、土地使用税、所得税等，综合税负高。此外税种设置存在重复课税现象，见表 3.7。重复课税不但会对房地产经济运行带来额外的负担，也有失税收中性的原则。

表 3.7 我国房地产税重复课税情况

课税对象或环节	重复课税现象
土地	土地使用税、耕地占用税
房屋租金收入	既征营业税，又征房产税
房地产转让	除就收入所得征收营业税与所得税外，还需就转让土地的增加价值征收土地增值税
产权转移书据或契约	承受方除需征收印花税外，还需征收契税

资料来源：石坚，陈文东．房地产税制的国际比较 [M]. 中国财政经济出版社，2011.

3.2.3.2 税种配合不当，税负不公平

“重流通、轻保有”是目前我国房地产税的特点，尤其在房地产保有环节的税收只有房产税和城镇土地使用税，税负较轻，抑制了房地产市场正常、合理的资源流转，造成土地使用者大量囤地、坐等土地升值等大量房产投机行为产生，最终形成大量土地闲置与浪费，房产空置居高不下等情况日益严重。而

流通环节税收集中，税负高，这容易造成新建商品房价格上扬。

此外还存在因纳税人不同经济行为而带来税负的不公平。如现行房产税即对自用房产按 1.2% 计税余额征税，又有对出租房产按租金收入 12% 征税，同一税种存在两种征收方式，且两种税负的差别大，有失公平。

3.2.3.3　部分税种征税范围、征税对象过窄

征税范围相对过窄，抑制了房地产税税收作用的有效发挥。如将农村地区排除在土地增值税、房产税、城镇土地使用税的征税范围之外，仅对城市、县城、建制镇和工矿区征税，这样不仅导致位于城镇的企业和位于非城镇范围内企业的税收待遇不一的不公平现象，并且随着城乡经济发展和产业结构调整，城乡结合部分经济不断增长并与城市经济融合在一起，城乡界限日益模糊，这种格局引发的矛盾日渐显现和突出，增大了税务机关的工作难度。

此外，无论是房产税还是城镇土地使用税，都对个人所有非营业用房地产的保有实行豁免政策，仅对经营性房地产征税。随着我国经济的持续发展，个人持有住宅用房是最基本的房产持有方式。但这种狭窄的征税对象设定，一方面限制房地产保有环节税收规模的持续快速增长，迫使地方政府另辟税源，影响地方政府财力的稳定性与持续性；另一方面也使得我国在房地产保有环节税种的范围并不适用于大部分不动产，一定程度上失去了财产税的实质意义（石子印，2011）。

3.2.3.4　计税依据不科学

在计税依据方面，针对公共品所征收的土地税和房产税的差异因目前我国计税依据不科学并没得到充分的体现。例如，我国现行的房产税采用的是从价计征和从租计征，计税基础分别是按房产计税价值与房产租金收入，其计税依据主要是历史成本，没能顾及房产后期的升值因素，不能合理反映房地产市场价值的变化，造成房产税税基萎缩。城镇土地使用税采用从量课征，其税额的增长远远赶不上课税对象土地价值的增长，阻碍了税收弹性的发挥，也无法实现对土地级差收入的调节，更谈不上对土地囤积、房产投机的调控。此外，名义利率过高，计税依据不宽，土地增值额中没有排除投资者合理的报酬，缺乏对通货膨胀影响的考量，这些都让土地增值税的计税科学性与合理性不足（新疆维吾尔自治区地方税务局课题组，2011）。

3.2.3.5 税收征管问题较多

一是地方政府的房地产税权有限，权限过度集中于中央政府，难以满足房地产的区域性特征。如房产税是中央统一规定税率，地方不能随意变动，城镇土地使用税由国家统一规定税额幅度，各省在规定的税额幅度内有限地调整，地方政府的税收减免权亦不能根据地区实际具体情况调整。二是我国房地产税收立法层次偏低，多数税种立法以国务院颁布的暂行条例替代，导致部分房地产税征管漏洞大，限制了其组织财政收入和调节收入分配作用的发挥（吉林省地方税务局课题组，2011）。三是缺乏财产登记、房产价格评估、相关法律法规等合理完备的配套措施。

»3.3 我国房地产税带来的影响

根据前述我国房地产税的现状以及存在的问题分析，目前我国“重开发与交易环节、轻保有环节”的房地产税收，使得地方政府形成从房地产中获取收入的模式，尤其以一次性获取土地出让金为特征的“土地财政”，虽然对地方政府的迅速发展，快速提升地方政府对公共品的配给等方面发挥了重要的作用，但是现有房地产税“重流转，轻保有”的设置思路，极大地限制了我国房地产税对房地产市场有效调节功能的发挥（Li，D.&song，S.F，2008），以至于日益成为地方经济发展的障碍，并给我们构建和谐社会，实现可持续发展带来诸多不利。

3.3.1 地方政府难以获得稳定持续的收入

国外“重保有，轻流转和开发”的房地产税扮演了地方主体税种的角色在世界上是较为普遍的情况，其突出的优势就是在于能保障地方政府在税收方面的持续与稳定，并不用为地方公共品建设资金所担心。而我国施行的是与之刚好相反的房地产税税收，地方政府从房地产获取收入的方式是以收取土地出让金为主，流转和开发环节收费为辅，被称之为“土地财政”。而土地具有稀缺性，随着经济的高速发展和城市化进程的不断推进，2011 年我国耕地面积仅约为 18.26 亿亩，比 1997 年的 19.49 亿亩减少了 6.31 个百分点。同期，中国人均耕地面积由 10 多年前的 1.58 亩也减少到 1.38 亩，仅为世界平均水平的

40%。虽然 2012 年我国耕地增长到 20.27 亿亩，但依靠土地开发建设获取财政收入的方式的不可持续性现在已初现端倪，假以时日，地方政府将难以获得稳定持续的收入。

3.3.2 不利于房地产行业的宏观调控

研究表明，日益飞涨的地价一方面给地方政府形成了财政收入增长的空间，另一方面也是房地产价格泡沫产生的一项重要因素。中央政府从经济全局与社会稳定出发，先后出台了一系列针对房地产市场的调控措施，但都未达到良好的预期效果。究其缘由，根源就在于在目前房地产税不能给地方政府提供持续稳定收入的前提下，地方政府过度依赖土地出让金收入，任何导致土地价格下降的政策都将有损地方政府的利益，在执行中都可能迅速被化为无形。即地方政府为了自身利益而博弈，对于相关政策执行不到位，甚至不执行，从而使得调控大打折扣。

3.3.3 扭曲房地产资源的配置

房地产作为一种稀缺而昂贵的消费品，需要采取一定的措施以促使其合理利用，寻求房地产的最优配置状态，减少无效的投机行为，这是政府土地资源利用需要达到的效率目标。毫无疑问，增加房地产持有者的保有成本是有效举措之一。而目前我国的房地产税收重开发轻保有，大大降低了房地产持有成本，不能有效地防范投机行为，造成实际房地产空置率的居高不下。这就直接导致了城市居民多套住宅房产与无住宅房产并存，人为形成了房地产供需的矛盾，使房地产资源配置处于严重扭曲状态。

3.3.4 难以实现政府对房地产升值的分享

在众多国家，房地产税成了经济学家所推崇的房地产溢价回收的工具，也成为实践中各国政府开征该税的动机之一。但由于房地产保有环节税收的弱化，目前我国的房地产税征收难以实现政府对房地产升值的分享。即，一方面随着我国城市化进程的加速、城市基础设施的改善，房地产价格有巨大的升值空间；另一方面，政府从非经营性房地产升值中并没有获取任何收入。甚至从某种意义上讲，目前房地产保有环节税收弱化、地方政府主要从房地产中获取收入的模式造成了国有资产的流失。

3.3.5 阻碍税收调节收入公平功能的发挥

除筹集财政收入与调控资源配置之外，房地产税收还具有调控收入差距，实现个体收入公平的功能。目前，我国房地产保有环节的税收将个人居住用房地产排除在征税范围之外，富裕阶层持有多套房地产的成本低，已失去了房地产税作为财产税的典型代表对个体财富的调节作用。

综上所述，目前我国的房地产税直接影响着地方经济乃至整体经济的进一步发展，并有碍社会稳定，对现行房地产税进行改革成为必然。因此，改革思路首先就是要逐渐减弱地方政府对土地出让金的依赖，提高房地产保有环节税收比重，这也是后续房地产税合并征收的基础。

»3.4 我国房地产税合并征收方案的提出

3.4.1 对方案形成的总结

第二章中典型国家和地区的房地产税的实践经验表明：设计初期要结合国情，除英美等典型国家和地区的房地产税成功经验可参考外，新加坡和中国香港的实践经验对我国房地产税合并征收具有更多的借鉴作用；考虑居民的接受度设计房地产税制；应简化税种，重保有环节，降低管成本，提高征税效率；征税范围和对象要合理，征收目的要明确，兼顾征税公平性的同时提高纳税人的积极性。

上述对房地产税现状的分析表明，目前我国房地产税征税范围仅局限于城市，征税对象部分缺失，计税依据不科学，内外税制不一致，设计上公平性、合理性、科学性的欠缺已经严重影响到房地产税作为一项财税调控手段应有的功效发挥。因此，结合国内外房地产税征收情况，为更有效地发挥房地产税的经济杠杆作用，需对我国房地产税进行简化合并改革，突出房地产税保有环节的征收，减轻其他环节税收负担。

纵观我国近期有关房地产税改革的历程，从2003年正式提出拟开征物业税，其间陆续在多个城市空转试点，再到2011年重庆、上海的房产税试点，尽管相关政府和学术界对房地产税改革进行了许多探讨，但对于其改革方案并无统一的认知。之所以这样，是因为房地产税改革方案还存在较大的争议：如房地产税制改革中将如何处理与土地出让金的关系？房地产税改革是否包括土地出让金？如包括土地出让金是一次性缴纳还是按年缴纳？房地产税改革是否会造成地方政府公共财政的缺口？不同的学者和专家从2003提出拟开征物业税以来各抒己见，形成了鲜明的对立意见，主要早期和近期研究成果见表3.8。这些争议都对房地产税改革方案的具体制定带来很大困难。在此，本书无意对上述观点进行评价，但可以肯定的是关于土地出让金存在着纳入或不纳入房地产税改革这两种考虑。

表3.8　　房地产税与土地出让金、地方财政的关系研究

作者	时间	观点
吴俊培 马克和 许　一 李家鸽 马丽波	2004、2005	设置物业税时需要考虑土地出让金，将现行转让环节中一次性征收的土地出让金由在保有环节中以按年分摊的方式包含在物业税中所代替。房产和地产都需征收物业税
何振一 杨重光 宏　诚 钟晓敏 叶　宁	2004、2005	认为物业税与土地出让金不可替代，两者是性质不同的经济范畴，政府在对待土地出让金方面的错误是对其能可持续收取，对土地利用能长期统筹开发的认识的缺乏，而并非是土地出让金收取方式的一次性收取
岑　艳 崔　娟	2005	在我国将土地出让金并入新的房地产税缺乏理论依据，且不符合我国国情
丁成日	2005	征收物业税为地方政府提供独立的财政收入，这对实现地方政府财政上的收支平衡，增强其实际运行效率具有积极作用
北京大学中国经济研究中心宏观组	2006	收取土地出让金可以实行一次性支付和按年缴纳相结合的方式，即通过招、投、拍等方式获取土地使用权时一次性缴纳部分土地出让金，其余按年分摊。认为物业税的改革并不必然导致地方公共财政出现缺口

续表

作者	时间	观点
陈志勇 姚　林	2007	提出无论从理论上还是具体的实践环节，土地出让金都不应并入房地产税来进行征收
邓菊秋	2007	改革后房地产税收入会逐年在增加，对地方政府财政收入的贡献也有较大增加，但与发达国家相比，仍存在很大差距。房地产税改革，能满足地方公共品建设对资金持续的巨大需求，解决地方政府土地财政的尴尬局面
倪红日 谭敦阳	2009	房地产税改革可能会对市级和县级地方政府收入带来较大影响
傅　樵 贾　康 于明娥	2010、2011	房地产税能解决土地财政给地方政府带来的挑战，获取稳定的财政收入
郭云钊 巴曙松 尚航飞	2012	物业税构成中应包括土地出让金，其收取的方式应从几十年的一次性收取变为按年分摊

资料来源：根据苑玉新．我国物业税效应分析及其相关税制设计思路[D]．宁夏大学，2009．
王宛岩．我国不动产课税制度研究[D]．财政部财政科学研究所，2010．等资料整理

虽然在征税方案上并无明确统一的内容，也无具体的开征时间表，但从沪渝试点方案和专家意见看，实质上趋于对房地产持有环节的征税。决策层也不断表现出推进该改革的强烈信号。2013年11月，十八届三中全会公布的《中共中央关于全面深化改革若干重大问题的决定》中提出“加快房地产税立法并适时推进改革”。从最初的称谓物业税，到房产税，再到现在的房地产税改革，称谓提法的改变意味着该税改革的思路越来越清晰。2014年国务院发展研究中心研究员倪红日表示：“全国人大正在起草房地产税立法的草案，考虑将现有的房产税和城镇土地使用税合并，并将房地产税列为地方税种。”[1] 称谓上从“房产税”转变为“房地产税”，虽然变化细微，却实实在在地反映出中央在税制改革中合并征收房地产税思路的形成。

[1] 摘自 http：//www.focus.cn/news/hs-2014-08-15/5405134.html

在随后的政策解读中，多位政府官员和相关学者也表达出房地产税合并的观念。按倪红日的说法：“城镇的土地使用税是对土地征税，按照土地的面积来计税；房产税是对房产征税，按照房产原值进行征税。房子是建在土地上的，这两个税种合并即房地合一。”[1] 顾云昌认为，“房地产税的提法意味着要把土地的部分纳入进来，要对包括房产税在内的整体房地产税收体系的调整和改革”。全国政协委员、财政部财科所所长贾康公开表示，鉴于房地产领域税费种类偏多，未来确实有进一步合并税种的需求，并提出了“房地产税其实是一个综合概念，既包括房产税，也包括土地增值税、土地使用税等相关税种。未来完善房地产税，除了推进个人住房房产税试点，还应下调过高的住房用地税负，简并流转交易环节税费，重点发展保有环节房地产税，并对投机性住房实行高度超额累进税率”。此观点也与财政部部长楼继伟对外披露房地产税改革思路时，特意将房地产税和房产税的改革区分开提出，并表示“房地产税的改革总体方向是减少房产建设和交易环节税费，增加保有环节税收，配套推进清费立税”的观点相一致。

此外，综合考虑我国学术界在进行房地产税改革中提出的一系列方案。如北京大学中国经济研究中心宏观组（2007）的物业税改革方案就综合考虑了房地产税和土地出让两个方面。关于房地产税征收方案内容主要有：一、居民住宅按“谁获益谁纳税”的原则缴纳物业税；二、将目前针对经营性用房所收取的房产税、城市房产税、城镇土地使用税、土地增值税、耕地占用税合并为统一的物业税，以精简税收，避免重复征税；三、物业税征收要对增量房和存量房区别对待，方案的设计要能区分出两者的差异，对存量房征税的税率在一定时期内宜低于增量房，此后再逐步增加到与其同等水平。关于土地出让方案内容则主要有：一、土地性质为国家所有，土地供给采用批租方式，经营性用地适用“招、拍、挂”方式；二、土地出让时间与现行规定保持不变；三、收取土地出让金可以实行一次性支付和按年缴纳相结合的方式，即通过招、投、拍等方式获取土地使用权时一次性缴纳部分土地出让金，其余按年分摊。

徐滇庆（2008）针对房地产税改革提出三个改革方案：一是将现行的涉及房地产行业的所有税收合并为物业税；二是将房产税、城市房地产税、城镇土地使用税、土地增值税和土地出让金合并为物业税；三是将房产税、城市房地

[1] 摘自 http：//chuangsong.me/

产税、城镇土地使用税合并为物业税。

巴曙松、刘孝红（2011）在物业税改革对房地产市场的影响研究中提出三种方案：一是仅对现有税制中房地产保有环节的税收调整；二是对现有房地产税费进行调整，不涉及土地出让金；三是对现有房地产税费、土地出让金进行综合调整。

3.4.2 方案思路

因此，本研究参考典型国家和地区房地产税的实践经验，结合我国房地产税收的现状和存在的问题，在不以增加居民税负的前提下，考虑对房地产税的税收总量控制，方案的可操作性以及与现有房地产相关税费的联系，综合已有的房地产税制改革思路，最终确定按以下房地产税合并的方案进行后期模拟实证分析。

表 3.9 房地产税合并方案

	内 容	备 注
方案一	仅对现有税制中的房地产保有环节税收（房产税、城镇土地使用税）进行合并调节	
方案二	在方案一的基础上将再加入耕地占用税、土地增值税、契税进行合并调整，征税环节也从保有环节再扩展到开发和交易环节	
方案三	在方案二的基础上纳入部分土地出让金进行综合调整。其中，土地出让金仅包括政府收益部分，约占 20%，由一次性缴纳改为 70 年分摊计算	本研究按 2013 凭证式国债 5 年期利率 5.41% 计算

»3.5　小结

综上所述，目前我国房地产税收中存在的税种多，重复征税，税种配合不当，部分征税范围、征收对象过窄，计税依据不科学等诸多征管问题，不但不利于房地产业的宏观调控，扭曲了房地产资源的配置，难以实现政府对房地产升值的分享，也让地方政府难以获得稳定持续的收入。据此，参考典型国家和地区房地产税实践经验，在不以增加居民税负的前提下，考虑对房地产税的税收总量控制，方案的可操作性，以及与现有房地产相关税费的联系，综合已有的改革思路，最终形成了三套房地产税合并征收方案作为后续实证模拟的比选方案。

方案一仅考虑对现行的房产税和城镇土地使用税的合并征收。方案二在方案一的基础上再增加耕地占用税、土地增值税、契税进行统一征收。方案三进一步扩大范围，在方案二的基础上再纳入部分土地出让金进行统一合并征收。

第四章　房地产税合并征收经济效应的理论基础

一套适合我国经济发展状况，展现国家发展意愿，有效、完备的房地产税收制度将有利于形成结构完备、运行良好的房地产市场。房地产税制度如能顺利实施，将会为地方政府带来稳定的财政收入，提供持续充足的公共设施建设资金，并在调整资源的有效配置，完成对居民收入再分配乃至对国家经济发展的调节方面发挥积极的作用。如前所述，本文研究的房地产税合并征收是对我国现行有关房地产税种的合并，实质上是征收方式和征收范围上的调整，其实现的经济效应仍遵循房地产税的各项功能效应。因此，本章从房地产税独特的属性入手，主要梳理了其在筹集财政收入、调节收入分配、资源配置及分享房地产溢价方面的功能效应，并从税收经济效应和制度供需理论入手为房地产税合并征收经济效应的分析奠定理论基础。由于此处涉及的理论过多，在理论分析时主要采用综合归纳的方式展开，不做具体深入的推导分析。

»4.1　房地产税的一般性分析

分析房地产税的特点，首先要从房地产的属性分析出发。虽然学术界和不同学科对房地产定义的具体表述不同，但都将房地产作为一个复合概念，包含了实体的物质以及物态上不可分性导致衍生权利的耦合性。[1]因此，对房地产特性的分析，将从其实体的自然属性和代表社会特征的经济属性两方面展开。

❶ 曹振良 . 房地产经济学通论 [M]，北京：北京大学出版社，2003.

4.1.1 房地产的自然属性

4.1.1.1 房地产的不可移动性

空间位置上的固定性是房地产最显著的特点，也决定了房地产的其他特征。对于土地，具有固定的经度和纬度，不可移动。对于建筑物，一经建成，其移动困难或成本极高，我们通常也视其不可移动。因此，可以说，正是房地产的不可移动属性直接决定了房地产价值上的优劣。

4.1.1.2 房地产的异质性

房地产不可移动加上所处区域的自然、社会、经济等环境差异，建筑物外观、建设等方面的区别，共同构建了房地产的不可复制性，即不存在两宗完全相同的房地产，形成了房地产的异质性。

4.1.1.3 房地产的不可隐匿性

由于房地产的不可移动性和异质性，致使每处房地产的特征都极其明显，且极易搜寻，难以隐藏。所以，对房地产征税，少有偷税，更多的是抗税。

4.1.1.4 房地产的耐久性

相对于一般物品使用的磨损和消耗，房地产使用时间长，不易被损毁，尤其土地除自然变迁外是永远不会消失的，所以具有经久耐用性。

4.1.2 房地产的经济属性

房地产的经济属性是其自然属性决定的，这里重点介绍与房地产税特点形成有关的体现在价值和法律权属上的房地产社会经济特征。

4.1.2.1 房地产的双重性

房地产既可以以生产要素厂房参与企业的生产消费，也可以以住宅的形式用于居民的生活消费。由于自身的不可移动性、耐久性以及稀缺性，使之成为一种重要的投资品，兼具保值、增值的功能。

4.1.2.2　房地产的高价值性

房地产的价值高，不仅表现在是一种稀缺的资源，还表现在购建房地产的花费大，本身还附有诸如房地产税和各种相关费用。房地产不仅单位价值高，而且总体价值大。与一般物品相比，房地产兼具消费品和投资品的双重属性，常常成为个人经济状况或财富的代表和象征。

4.1.2.3　房地产价值的外部性

四周自然环境、社会环境的变化，乃至辖区内交通、治安、教育、休闲娱乐等配套设施的改变通常会给房地产的使用和价值带来影响，这被称为外部性。例如，新建公园会使毗邻的房地产升值。也可能会出现繁华都市中心地带小面积房地产价值却高于郊区较大面积房地产价值。

4.1.2.4　房地产价值受预期因素影响[1]

根据古典房地产价值模型，影响房地产价值的重要因素是年租金和贴现率。假设其他因素不变，房地产年租金固定为R，贴现率为i，则目前房地产价值P为：

$$p = R\sum_{t=1}^{n}\frac{1}{(1+i)^t} \tag{4.1}$$

如果 n 趋于无穷大，（4.1）式将变为：

$$p = \frac{R}{i} \tag{4.2}$$

如果考虑预期对价格的影响，个体对第n年房地产价格预期为 * MERGEFORMAT，则房地产价值变为：

$$p = R\sum_{t=1}^{n-1}\frac{1}{(1+i)^t} + \frac{p_n^e}{(1+i)^n} \tag{4.3}$$

[1] 此部分参考了石子印．我国不动产保有税研究 [M]. 北京：中国社会科学出版社 .2011.

虽然公式（4.3）和（4.1）都表示房地产的价值，但两者显然不同。如要两者相同，即两公式中$P_n^e = P_n$（其中，P_n为 n 年后现实的地价），正如石子印（2011）在对我国不动产保有税研究中所指出的，按野口悠纪雄❶的研究，在合理预期时，两式将相同。因为，将$P_n^e = P_n$反复代入公式（4.3），地价就将会表现为以无限时点的租金值的贴现，此时，公式（4.3）就变为公式（4.1）。但是，如果预期不合理，公式（4.1）就不再正确，而公式（4.3）所表示的房地产价值因考虑了预期因素显得更为合理。

4.1.2.5　房地产产权的重要性

房地产产权是指房地产开发、经营、管理和使用过程中发生的人与人之间的权利关系。房地产交易实质就是房地产产权的交易。可以说，房地产产权的存在、变更，反映了房地产的法律属性，也是房地产税产生的基础。

4.1.3　房地产税的特性

房地产税的征税对象是房地产。广义房地产税的征税环节包括了房地产经营、持有、交易。狭义的房地产税是在持有环节征收。从征税对象和征税环节看，房地产税主要具有以下特性。

4.1.3.1　房地产税税收稳定

狭义的房地产税是对财富存量征税，并且房地产的不可移动性、耐久性、不可隐匿性和保值增值性，使得该税税收弹性很小，不会随经济波动出现较大变化。因此，房地产税常常被看作经济周期的缓冲器（石子印，2011）。这不同于流转税是对流量征税，会随着经济的繁荣与萧条自动出现周期变化。

4.1.3.2　房地产税具有直接税和间接税的双重属性

从税收归宿研究看，房地产税是资本税的观点认为房地产税税负转嫁给了资本所有者。而认为房地产税是一种货物税的观点则认为，土地部分的税收由土地所有者承担，建筑物部分的税收由房屋使用者承担。还有观点认为房地产税是购买公共服务的使用费，居民通过“用脚投票”的方式来选择购买公共服

❶ [日]野口悠纪雄，汪斌详 译．土地经济学[M]. 北京：商务印书馆，1997.

务。虽然结论不统一，但都承认了房地产税有不同的税负归属。所以，房地产税兼有直接税和间接税的双重属性，能否转嫁及转嫁程度由房地产用途与时间的长短共同决定。

4.1.3.3 房地产税可能成为公众革命的对象

从西方房地产税发展的实践情况看，房地产税会因其征税范围广、涉及绝大部分公众，影响广；计税依据一般为房地产的市场价值，具有波动大的表象，公众容易质疑征税的公平性；征税对象不可移动性，异质性，征收对象及范围明确，纳税人不易偷税、漏税、逃税。因此，当公众认为房地产税有失公平且难以逃税的情况下，会有集体抗税的情况出现。例如，在美国发生的三次税收革命都与房地产税直接相关，最终导致其在地方税收比例中的显著下降。以至于在2006年居民针对税收和财富的态度调查中，近五分之二的居民将房地产税排到最差最不具有公平性的位置，紧随其后的才是个人所得税，所占比例为五分之一。[1]

正因为房地产税的这些特点，任何国家在房地产税改革时都需谨慎，力图将其消极影响降到最低。这不仅是一个税收乃至经济的问题，一定程度上还是复杂的政治问题，直接关系到社会稳定（石子印，2011）。

»4.2 房地产税功能的理论

政府选择课征房地产税通常都是为了发挥其某项或多项功能，以实现特定的政策目标。理论上，房地产税主要具有税收调节、财政收入、收入分配、资源配置的功能，但在现实中，这些功能很难同时等效发挥，这就往往会导致税收政策的实际效果与最初目标相偏离。因此，探讨房地产税的功能是房地产税合并征收理论研究中不可回避的问题。

[1] 数据来自 Tax Foundation 2006

4.2.1 房地产税的溢价回收功能

4.2.1.1 房地产溢价的原因

房地产税扮演着分享由政府投资的各项基础设施及其他公共品的价值增长部分的角色，即部分房地产价值的增加通过房地产税的征收会归地方政府所拥有。通俗地讲，房地产税的溢价回收功能就是"涨价归公"[1]。房地产税之所以能具有此项功能，首先需要弄清房地产溢价的原因。

房地产溢价实质就是房地产价值的增加，从其溢价的原因看，可以划分为自身因素和外来因素两大类。自身因素主要体现在房地产尤其是土地具有稀缺性。在城市化的进程中，对土地的需求和开发力度迅速增加，土地稀缺性的矛盾日益突出。虽然建筑物会产生折旧但土地却不会贬值，从长远看往往还是增值。当土地价值的增加超过建筑物的折旧，房地产的溢价就产生了。

另一方面，外来因素则主要体现在政府对房地产的投资、管理以及颁布相关政策带来的效应。地方政府为了改善所在区域居住和投资的环境，往往会加大对地方基础设施和公共配套等方面的投入。依据区位理论，这种投入将资本投入房地产中，使本辖区的房地产价值整体升高。奥茨（Oates，1969）的结论就直接表明了这一点：地方财产价值与公共学校的学生平均支出表现出显著的正相关。

实际数据也显示，政府部门在土地规划方面转换其功能用途将带来价值的增长，同一土地分别投资到居住、商业还是工业使用中其价格差异将非常明显，不同用途的房地产其价格也会存在较大的差异。目前，在我国"招、拍、挂"的土地出让方式中，全国各主要城市地产价格 2012 年平均达到 3129 元／平方米，其中按性质分，住宅用地为 4620 元／平方米，商业地价是 5843 元／平方米，工业地价仅 670 元／平方米[2]。同时，在平均销售价格方面，我国商品房平均销售价格为 5791 元／平方米，其中，住宅为 5430 元／平方米，而商

[1] 樊慧霞．房地产税溢价回收功能对地方政府的激励效应分析 [J]. 经济论坛，2010（8）：21-23.

[2] http：//www.gov.cn/gzdt/2013-01/15/content_2312514.htm

业营业用房为 9021 元 / 平方米[1]。

此外，政策性因素也会影响到房地产价值的变化。这种政策性因素通常源自高层政府对某特定区域的重新定位，并由土地炒作而被不合理放大。如我国海南从 1988 年建省后，其土地价格逐年升高，在 1993 年已经达到了 1991 年的 7 倍。2010 年 1 月国务院又颁布了“将海南建设成国际旅游岛”的意见后，其商品房平均销售价格就从 2009 年 6261 元 / 平方米，快速上涨到 2010 年的 8735 元 / 平方米，增长了近 40%[2]。

4.2.1.2 房地产税的溢价回收功能分析

可见，导致房地产溢价的原因，主要来自外部因素的主导，尤其是政府行为中的公共物品投资。房地产的溢价部分不应当仅由其所有者所获取，按照“谁投资谁受益”的原则，政府部分因投资了公共品而采取税收的方式来获取房地产增值部分的行为是具有合理性和必要性的。

此外，房地产税收额度的评定基础之一是房地产的评估值。房地产评估值将会随着房地产价值的增加而提高。如前所述，房地产价值往往会因周边由政府兴建的基础设施、增加提供的公共服务而大大上升。因此，一旦周边设施与服务增加，房地产就会产生溢价，政府部门利用征收房地产税来实现对其溢价的分享，这样就发挥了房地产税的溢价回收功能。可以认为，房地产税溢价回收功能的形成实际上与房地产税受益论的观点具有共同之处。在受益论里，房地产税实质上被看作是居民使用地方公共品及其服务所产生的费用，该费用通过房地产税收的途径被地方政府收取。

不过，这一功能的发挥也需要满足以下的前提：房地产溢价应该是由辖区内公共服务及基础设施的改善而引发。满足该条件的房地产税才是个体享受公共服务的成本，真正体现出税收是文明的代价，分享房地产溢价功能才是有意义的。如果辖区内房地产溢价仅仅由于投机引发，公共服务并未出现任何实质改善，此时的房地产税必将损害公众的福利。

---

[1] 数据来自《中国统计年鉴》（2013）。

[2] 数据来自《中国统计年鉴》（2011，2010）计算得出。

4.2.2　房地产税的财政收入功能

4.2.2.1　房地产税的财政收入功能分析

按照中国统计年鉴中的指标解释，财政收入是国家财政参与社会产品分配所取得的收入，是实现国家职能的财力保证，主要包括各项税收与专项收入、行政事业性收费、罚没收入和其他收入在内的非税收入。财政支出指国家财政将筹集起来的资金进行分配使用，以满足经济建设和各项事业的需要。主要包括：一般公共服务、外交、国防、公共安全、教育、科学技术、文化体育与传媒、社会保障和就业、医疗卫生、环境保护、城乡社区事务、农林水事务、交通运输、资源勘探电力信息等事务，商业服务等事务，金融监管支出、国土气象等事务，住房保障支出、粮油物资储备管理等事务，国债付息支出等方面的支出。可见，建设地区公共品和提供公共服务所需资金的来源是出自财政收入，政府职能有效地发挥，公共政策顺利地执行也有赖于财政收入。财政支出主要源于财政收入，其中财政收入的最大用途，就是为社会提供公共物品。按定义，公共物品就是那些在消费上不具有排他性质的物品，一个市场参与者的消费并不会减少其他市场参与者对同一公共物品的消费。公共物品的产生必须有一定的财力支撑，但这常会引发搭便车问题。这就是著名的搭便车理论，最早出现在《集体行动的逻辑：公共利益和团体理论》书中，就是将其用来形容不付出却获取利益的行为。该书由美国经济学家曼柯·奥尔逊于1965年所著。为了解决公共物品的搭便车问题，避免公共物品供给不足情况的出现，常常是由政府来作为公共物品的提供者和生产者，通过包括房地产税在内的各项财政收入来征集公共物品生产资金，并以财政支出形式将所集资金用于公共物品的供给，使得税收成为最重要的维持公共产品生产的手段。因此，可以说房地产税具有财政收入的功能。

4.2.2.2　房地产税财政收入功能主要体现在地方政府中

首先，按现行分税制财政体制，财政收入和财政支出又分别划分为中央财政收入和地方财政收入，中央财政支出和地方财政支出。财政体系是处理各级政府间财政关系的一种制度安排，是中央和地方关系在财政领域中的具体反映。不同级别政府之间税收分配的目的是通过税收的差异化分配使得每个级别的政府能够获得合理的财源，以满足居民的不同需求，实现社会福利的最大化。[1]在经济学上，政府间事权划分要根据各级政府功能优势，对相关职责分工，因此税收在政府间的划分十分重要。各地政府肩负着地区社会经济发展的责任，履行经济和行政管理的职能需要财力保障。而房地产税作为地方税种是地方财政收入最好的来源，必须将房地产税制的改革、使用放在中国转型时期的地方财政状况的背景下进行研究[2]。

其次，现代政府间税权划分原则是怎样的呢？根据经典财政理论税收划分的原则，如美国著名的财政经济学家马斯格雷夫（Musgrave）从经济学的角度，以财政三大职能为出发点，研究了政府在社会经济中应承担的责任，指出了其职责的发挥，预期目标的达成都依赖于税收的设定与分配，还提出了税收划分的七项原则。它们分别是：（1）达到公平应是在全国范围内实行，毫无疑问这需要在中央政府的指挥下才可能真正实现，因此累进税由中央控制；（2）税收平稳不会随经济波动而改变的税种要由地方政府掌握，而在宏观上对整个国民经济带来稳定作用的税种则应属中央；（3）为避免区域间政府财政力量出现悬殊，税源参差不齐的税种不适宜被地方掌握；（4）为避免地方政府为实现各自利益而利用税收所造成的资源非合理与正常的流动，因此以流动要素作为征税对象的税种也不适宜被地方政府控制；（5）相反，以非流动要素作为课税对象的税种不适宜被中央控制，以此可避免资源在区域间流动；（6）与居住地有着密切关系的消费税和销售税则不适宜归中央所掌握；（7）对中央政府和地方政府受益性税收及收费都适宜。再如加拿大学者杰克·M. 明兹（Jack M. Mintz）从当代财政理论出发，结合了政治学中的政府构成和行政管理方面的要求，也指出税种划分所遵循的如下原则：（1）效率原则，即税种分配要避免降低在资源优化配置上作用的发挥；（2）简化原则，即税制应精简，以利于获得公众支持，提高纳税积极性；（3）灵活原则，税种设置要满足灵活性的要求，与事权相匹配，方便不同级别政府对财税补贴，预算支出等手段的使用；（4）责任原则，不同级别政府间的收支与税收要和谐；（5）公平原则，全国范围内地区居民的税收负担应该大致相

[1] 刘洋 . 房地产税制经济分析 [M]. 北京：中国财政经济出版社，2009.

[2] 威廉姆斯·福克斯 . 财产税和地方财政的原则 [J]，转引谢付瞻《中国不动产税收政策研究》，大地出版社，2004.

当，以此保持全国税收在结构、税基、税率方面的和谐。[1]

最后，从各国实践看，房地产税一般是作为地方税种发挥其财政收入功能的，这主要是作为课税对象的房地产自身特殊的自然和经济秉性所造就的。正如前述房地产税具有稳定税收收入的特点，不会随经济波动出现较大变化。而房地产的不可移动性与明显的区域性，能将其税收归宿清晰划归房地产所在区域，避免出现承担税负的辖区与获得税收的辖区不一致而导致的税收不公平现象。此外，房地产的不可隐匿性让地方政府能较为全面掌握相关征管信息，具有先天性的征管势。

因此可以说，房地产税财政收入功能的实现离不开其地方税种的定位。在财政管理体制背景下考察房地产税管理体制，未来房地产税在地方财政间的分配将更为规范，并可能成为市、县级财政的专项收入。通过房地产税的改革，房地产税在中国地方财政中的地位将得到加强，从而为财政分权提供物质基础（谢群松，2001）。[2]

4.2.3　房地产税的收入分配调节功能

调节收入分配是税收的功能之一，具体税种的代表就是调节财富存量的财产税与调节财富流量的个人所得税。由于房地产本身价值量高，往往是个人财富的典型代表，并具有不易隐匿性，由此所征收的房地产税虽然在不同国家和地区的称谓不同，可能是不动产税、物业税、房屋税等，但都具有财产税的性质，并成了财产税的重要税种。因此，房地产税具有收入分配调节功能就成为政府运用该税时的事前假设，成为开征该税的理论依据之一。

房地产税是否具有收入分配调节功能，发挥调节贫富差距的作用，学术界一直存在争论。最具代表性的是从税收归宿和收入结构的角度，按课税对象性质的不同来判断税收累进性抑或累退性。

4.2.3.1　房地产税的收入分配调节功能分析

通常通过衡量税种是否具有税收累进性来判别其是否具有收入分配调节功能。所采用的指标最常见的是庇古的平均税率（Aver-age Rate Prongression，

---

❶ 这部分参考了，刘洋．房地产税制经济分析 [M]. 北京：中国财政经济出版社，2009.

❷ 摘自谢群松．财政分权，中国财产税改革的前景 [J]. 管理世界，2001，（4）.

ARP）。假设 T_1 是收入 Y_1 应纳的税收，T_0 是收入 Y_0 应纳的税收，且有 $Y_1>Y_0$，则 *ARP* 等于：

$$ARP=\frac{(\frac{T_1}{Y_1}-\frac{T_0}{Y_1})}{(Y_1-Y_0)} \tag{4.4}$$

当 $ARP>0$ 时，表明税收是累进的；当 $ARP<0$ 时，表明税收是累退的；当 $ARP=0$ 时，表明税收具有比例性。这种方法实际是运用平均税率随着收入的变化而变化来衡量税收累进性。具体可以理解为，如高收入群体的平均税率高于低收入群体，那么税收为累进，反之，则为累退。如平均税率对所有收入群体一样，则税收为中性。

或者，在评价税收本身的分配效应，惯用的衡量尺度还有税收支付的收入弹性 E（T, Y）的形式。当 $E>1$，表明该税是累进的；当 $E<1$，表明该税为累退；如 $E=1$，则是税收是比例的，税收归宿为中性。对于房地产税来讲，实践中影响其税收额度的因素往往还包括了房地产市场价值，采用的估价比例、税务部门使用的评估价值、法定税率以及实际征收比例等。Roy W. Bahl 与 Johannes F. Linn（1992）将房地产税支付的收入弹性结合以上因素进行了更为明确、具体的表示。

但由于房地产的特殊性，在判断房地产税是否累进时远没有这么简单。西方学术界就形成了货物税观点、资本税观点和受益税观点三种截然不同的观点（表 4.1）。可见，房地产税是受益税的观点是建立在 Tiebout 模型基础上，认为房地产税本质上是使用地方公共服务的使用费，因此不存在归宿问题。资本税观点基于一般均衡分析，比较适合研究全国范围内房地产税的收入分配影响，而货物论观点基于局部均衡分析，更适合就某一地区的房地产税进行局部调整，来分析其累进或累退的情况。

表 4.1　　西方关于房地产税归宿的各观点对比

观　点	假设前提	分析方法	内容与结论
货物论观点	侧重研究土地供给量不变，具有完全弹性资本供给的行政区域实行房地产税的影响。对所有土地和建筑物征收统一房地产税	局部均衡分析方法	对土地课税部分由土地所有者承担，是累退的；对建筑物课征的税收由房屋消费者负担，累进程度取决于住房支出占收入的比例，如果此比例下降，则对建筑物课税是累退的

续表

观　点	假设前提	分析方法	内容与结论
资本税观点	全国范围内资本总量不变，资本在行政区域内自由流动，房屋资本可以在各地区间因为房地产税率的不同而自由流动；充分就业；要素与产品市场是完全竞争的；地方政府间存在古诺一纳什均衡，即各地方政府知道其他行政辖区的财政政策与资本回报不变，各地税收和支出政策是内生的；个人效用函数中包含地方公共服务，并且存在个人的公共服务不同偏好；个人按照对公共服务不同的偏好自行分类，地方行政区是同质的；土地利用有简单并有限制的分区，划分为住宅区和非住宅区；各行政区开始是使用人头税为地方公共服务融资，但当人头税税收的不足要用对住宅和非住宅征收的房地产税收来补充，在这一条件下，利用人头税融资的开始状态也就成为进行税收负担分析的比较基准	一般均衡分析方法	房地产税是对资本课税，如果各地税率一致，其一般税效应是降低资本收益率，对收入分配是累进的影响；如果存在税率差异，则房地产税还会产生货物税效应，影响高税率地区内不易流动生产要素的利益。在货物税效应不能抵消一般税效应情况下，房地产税都是累进的
受益论观点	房地产所有者在辖区间的潜在流动性和房地产的非流动性，即居民拥有关于社区税收与服务组合差异的完全信息，居民的迁移是无成本的，地方公共服务的提供是以最小平均成本进行的，存在足够多的社区满足居民的需求，公共产品是通过一次性税收提供资金，不考虑辖区间外部性	Tiebout 模型的扩展	消费者的流动性和行政区域间竞争，合理的投票行为和分区规划、将地方财政差别体现到房价中的资本化行为，使房地产税成为一种受益税，即为取得地方公共服务所付的开支，所以房地产税是对使用者的收费

资料来源：刘洋．房地产税制经济分析 [M]. 北京：中国财政经济出版社，2009.

此外，我国学者陈多长（2005）在对以上分歧观点分析的基础上提出了应结合课税对象的差异来判断税种是否具有累进性。具体归纳如下表 4.2。

表 4.2 分课税对象房地产税累进性的判断

观　点	假设前提	分析方法	内容与结论
土地税的累进性	土地供给零弹性或低弹性	运用局部均衡分析，古典土地税收理论	土地税的税负是卖方全权来负责，土地税还会抵消土地所有权人的净收益
		运用一般均衡分析	作为一项不可移动的资产，土地税的税负无一例外最终都会由土地所有者承担，而并不取决于被征收的税率是相同的还是有差异的。如果假定经济中土地资产主要由高收入阶层保有，则土地税负分布与收入分布具有一致性，土地税具有累进性
房屋税的累进性不确定	房屋为消费品	在局部均衡分析框架下，运用商品税分析	房屋需求弹性较小，税收全部由房屋资产或服务的消费者负担，而穷人房屋消费占其全部消费的比重要大于富人，因此房屋税具有累退性。房屋具有消费和投资的双重性，在经济发展的不同阶段，房屋体现出来的属性有所差异。在经济发展水平较低的阶段，房屋的消费品属性较强，因此房屋税可能会体现出一定的累退性，而在经济发展水平较高的阶段，住房的财产功能更明显，对其征税具有较强的累进性
	房屋为资本品，其供给弹性无限	在一般均衡分析框架下，运用要素税分析	税负由供给者负担，房屋税具有累进性。全国统一房屋税下，税负由房屋所有者负担，具有累进性，但投于房屋上的资本如果收益率低于其他要素收入，则会流向其他要素，并将税负转嫁给其他要素，累进性减弱

续表

观　点	假设前提	分析方法	内容与结论
房地产税的累进性	房地产是土地和附着在其上的房屋的综合体		土地价值在房地产价值中占的份额远大于建筑物的价值，且土地随着城市的发展而不断增值，而房屋则因不断折旧而价值降低，因此，房地产税具有类似土地税的性质，累进性较明显。由于建筑物供给弹性大于土地，课于建筑物的资本税会首先转嫁给与其关系最紧密的土地，因而具有明显的累进性

资料来源：陈多长．房地产税收论[M]，北京：中国市场出版社，2005。

石子印（2011）则提出要从房地产的用途、时间跨度与征税区域三个因素出发并结合收入结构来分析房地产税的税负归宿，随后就房地产税的最终负担群体，从理论上确定是高收入群体还是低收入群体负担了房地产税，这样就能判断房地产税是累进还是累退。这里按照石子印在研究时所提出的基本假设，分经营性房地产与非经营性房地产对房地产税的税负归宿结论归纳如下表 4.3。

表 4.3　　分区域和课税对象房地产税累进性的判断

前提假设	分析对象	分析范围	内容与结论	
完全竞争市场；消费及占有房地产价值与收入正相关；土地供给弹性短期内无论在全国还是在单个辖区均为零，长期内对于全国来说依然供给无弹性，在单个辖区有较小弹性；（接下页）	非经营性房地产	土地	全国区域	由于土地在全国的供给弹性无论短期还是长期均为零，那么土地供给者无法通过调整土地数量的方式转嫁税负，税负承担者是土地所有者。基于房地产所有者是高收入阶层的假设，可以合理推断对土地征收全国统一房地产税具有累进性
			地方区域	按照土地供给弹性在地方区域的假设，短期内，地方区域内对土地征收房地产税与全国范围内的情形相同，为土地所有者承担税负。长期内，由于区域内土地供给有弱弹性，所以，房地产税将由土地所有者和土地消费者分担

续表

前提假设	分析对象	分析范围		内容与结论
（接上页）全国资本量供给固定；建筑物资本供给短期内没有弹性，长期内供给弹性大于零；不考虑税收支出；比例税率，无任何减免待遇。	非经营性房地产	建筑	全国区域	根据假设，建筑物供给弹性在短期内与土地供给弹性相同，短期内，税负归宿为建筑物所有者，对建筑物征收房地产税具有累进性。长期看，最终将对建筑物征收的房地产税会转嫁给资本所有者、土地所有者和建筑物的消费者。按照假设，资本所有者和土地所有者都是高收入阶层，他们作为税负归宿导致了对建筑物征收的全国统一房地产税具有累进性。按照罗伊·巴尔（1995）的分析，用年收入来衡量住房支出的收入弹性，一般该弹性 $E<1$。但如用较长时期收入甚至恒久收入来衡量收入，则弹性 $E>1$，即建筑物消费者承担房地产税也具有累进性
			地方区域	短期内，假设建筑物弹性为零，在区域对建筑物资本征收房地产税，与在全国征收该税是相同的，税负归宿为建筑物资本所有者，具有累进性。长期看，在一般均衡分析下，地方区域建筑物房地产税税负归宿与在全国范围内对建筑物资本征收房地产税的长期归宿相同——资本所有者、高税率区的土地所有者和建筑物消费者，从而也导致这种房地产税具有累进性
	经营性房地产			经营性房地产是将房地产出租给他人居住或从事经营性活动。房地产税是针对房地产所有者征收，短期内由房地产所有者负担，具有累进性。长期看，房地产所有者可通过提高商品或服务价格与出租价格，将税负转嫁给商品的消费者和租户负担。一般，转嫁的实现程度与一般商品税无异，需要考虑商品服务的供求弹性、房地产出租市场的供求弹性。由于通常公众的非住房商品消费支出的收入弹性 $E<1$，那么商品消费者承担房地产税使得该税具有一定的累退性。根据假设，租户与房地产所有者相比属于低收入阶层，因此，他们承担房地产税也使得该税具有累退性

资料来源：石子印．我国不动产保有税研究[M]．北京：中国社会科学出版社，2011．

由此可见，课税对象性质、区域、时间不同，房地产税的税负转嫁和归宿也可能不一样，进而导致房地产税收的累进性不同，不能一概而论。此外，实践中房地产税收入分配的功能还会受到其他因素的影响。

4.2.3.2　其他因素对房地产税收入分配功能的影响

第一，税制的具体设计可影响房地产税的累进性。如房地产评估值低于实际价值，会实际降低征收的房地产税额，高房价占有者并没依法更多地纳税，这将减弱房地产税的累进性，甚至出现累退性。此外，规定起征点，对普通居住者减免税则可能增强房地产税的累进性。

第二，如果考虑税收的支出效应，政府在使用税收收入时，偏向于税收多交者，让其能享受更多的益处，则绝对税负归宿下的累进性在平衡税负归宿下可能无累进性。

第三，在土地与建筑物间、不同用途房地产间、不同价值房地产间及不同区位房地产之间设置差异税率也能明显影响房地产税累进性，从而影响其收入分配功能，甚至还会影响到房地产税的资源配置功能。

综上所述，房地产税调节贫富差距的行为是武断的，判断房地产税的收入分配功能要具体情况具体分析。

4.2.4　房地产税的资源配置功能

4.2.4.1　房地产税的资源配置功能分析

前述关于房地产税收入分配功能的分析属于对税收公平的研究，重点是明确房地产税具有累进性还是累退性，而本节对房地产税资源配置功能的分析则属于税收效率的范畴，判别房地产税是中性还是非中性的问题。西方税收理论认为，税收中性包括两方面含义：一是政府征税所形成的影响要与其征税金额相匹配；二是政府征税对市场运行不应带来负面效应，资源配置仍旧主要受市场控制而非被税收所左右。但实际生活中税收中性只是理论研究中的一个假设，不存在税收中性。[1]这就为房地产税发挥资源配置功能奠定了基础。以下分别从时间长短、课税对象两方面分析房地产税的资源配置功能。

[1] 曾康华．当代西方税收理论与税制改革研究 [M]. 北京：中国税务出版社，2011.

（1）考虑时间长短的差异

经济学中通常将价格作为资源配置的手段，土地、资本、劳动等要素通过价格来实现其资源配置，只有当土地及其地面建筑物的供应对房地产税征收做出反应，那么房地产课税才会影响资源配置。[1]在短期内，由于土地与建筑物的供给缺乏弹性，征收房地产税主要发挥的是地方财政收入和收入分配的功能，对资源配置的影响不明显。从长期来看，地区内征收房地产税则会因地区间要素流动和房地产用途的改变，导致土地使用行为的改变，产生了资源配置的变化。

（2）考虑课税对象的差异

a. 对土地课税

一方面，土地具有不可再生性，其供给有限，并且不可移动等自然秉性，使得土地空间扩张与承载量受到一定限制，土地的利用就显示出了投资外部性特点。这里的外部性行为可以表现为前述分析的政府部门对房地产增值的溢价回收，也可能因土地利用更多的是追逐私人利益最大化，较少考虑对社会和他人影响，形成负面的外部性。在市场调节失灵时，将对土地征收房地产税作为一项经济政策手段，实现土地资源利用的帕累托最优，提高土地资源的使用效率，改变其资源配置价值。对纳税人来说，或是改变投资行为，以实现所征税负归宿的转移，也可能采取提高土地利用率的方式，以达到实现自我消化税负的目的。这样，对土地征收的房地产税就带有明显的非中性特征。

另一方面，还有学者按照从量征收和从价征收两种情况，从研究不同用途下土地的年收益对其价值的影响导致土地决策者行为动态变化入手，判别税收的中性和非中性。假设，土地有 A、B 两种不同用途，对土地采用从量征收税收的方式，P 为年收益流，预期贴现率为 r，用途 A 与 B 目前（t=0）的土地价值为 V_{A0}。和 V_{B0}，则有[2]：

$$V_{A0}=\int_0^\infty P_A e^{-r\tau}d\tau=\frac{P_A}{r} \tag{4.5}$$

[1] 刘洋．房地产税制经济分析 [M]. 北京：中国财政经济出版社，2009.

[2] 以下分析参考了石子印．我国不动产保有税研究 [M]. 北京：中国社会科学出版社，2011.

$$V_{B0}=\int_{0}^{\infty}P_{B}e^{-r\tau}d\tau=\frac{P_{B}}{r} \tag{4.6}$$

如果对每单位面积土地征收年税率为 θ 的税收，用途 A 与用途 B 目前的土地价值为 V_{A1} 和 V_{B1}，又有：

$$V_{A1}=\int_{0}^{\infty}(P_{A}-\theta)e^{-r\tau}d\tau=\frac{P_{A}-\theta}{r} \tag{4.7}$$

$$V_{B1}=\int_{0}^{\infty}(P_{B}-\theta)e^{-r\tau}d\tau=\frac{P_{B}-\theta}{r} \tag{4.8}$$

可见，$V_{A1}-V_{B1}=V_{A0}-V_{B0}$，不同用途下单位面积土地价值的差额在从量征收房地产税前后并无改变。即，按从量征收房地产税属于税收中性，不会影响对土地的决策，无法发挥资源配置的作用。

同样，假设为追求价值最大化，土地仍在用途 A、B 间转换。如果土地总数量为 L，用途 A 下，个体拥有土地数量为 x，用途 B 下，个体拥有土地数量为 $L-x$。用途 A 每年带来的收益流为 $P_A(x)$，按照边际收益递减规律有：$\frac{\partial P_A}{\partial x}<0$；对于用途 B，在 $t\in[0,T]$ 是收益为 0，$t>$T 时年收益为 $PB(L-x)$，且 $\frac{\partial P_B(L-x)}{\partial(L-x)}<0$。假定市场的贴现率为 r。无征税时，在 $t=0$ 时，用途 A 的土地价值为 V_{A0}，用途 B 的土地价值为 V_{B0}，那么将有 $V_{A0}=\frac{P_A(x)}{r}$，$V_{B0}=\frac{P_B(L-x)}{r}e^{-rT}$。

土地总价值为 $V_0=V_{A0}+V_{B0}$，即 $V_0=\frac{P_A(x)}{r}+\frac{P_B(L-x)}{r}e^{-rT}$。

个体将土地分布在不同用途 A 与 B 下以追求土地总价值最大化，则有：

$$Max\left(\frac{P_A(x)}{r}+\frac{P_B(L-x)}{r}e^{-rT}\right) \tag{4.9}$$

求解（4.9）式，可得到土地总价值最大化时用途 A 与 B 的土地分布，此时满足：

$$\frac{\partial P_A(x^*)}{\partial x}=\frac{\partial P_B(L-x^*)}{\partial(L-x)}e^{-rT} \tag{4.10}$$

其中，为分布在用途 A 上的土地数量，$(L-x^*)$ 是分布在用途 B 上的土地数量。

考虑按土地价格征收对土地征房地产税，税率为 θ。在 $t=0$ 时，用途 A 的土地价值为 V_{A1}，用途 B 的土地价值为 V_{B1}。那么将有：

$$V_{A1}=\frac{P_A(x)}{r+\theta},V_{B1}=\frac{P_B(L-x)}{r+\theta}e^{-(r+\theta)T}$$

土地总价值为：$V_1=\frac{P_A(x)}{r+\theta}+\frac{P_B(L-x)}{r+\theta}e^{-(r+\theta)T}$。

同样，对土地征房地产税的行为人依然通过不同用途土地的数量分布来获得土地总价值最大化。

$$Max(\frac{P_A(x)}{r+\theta}+\frac{P_B(L-x)}{r+\theta}e^{-(r+\theta)T}) \tag{4.11}$$

求解（4.11）式，可得到存在对土地征房地产税时土地总价值最大化要求的土地分布，此时满足：

$$\frac{\partial P_A(x^{**})}{\partial x}=\frac{\partial P_B(L-x^{**})}{\partial(L-x)}e^{-(r+\theta)T} \tag{4.12}$$

其中：x^{**} 为分布在用途 A 上的土地数量，$(L-x^{**})$ 是分布在用途 B 上的土地数量。

比较（4.10）式与（4.12）式，由于 $e^{-(r+\theta)T}<e^{-rT}$，$\frac{\partial P_A}{\partial x}<0$，$\frac{\partial P_B(L-x)}{\partial(L-x)}<0$ 所以，$x^*<x^{**}$。这一点可以反向证明：设 $x^*>x^{**}$，则 $\frac{\partial P_B(L-x^*)}{\partial(L-x)}>\frac{\partial P_B(L-x^{**})}{\partial(L-x)}$，可以得到 $\frac{\partial P_B(L-x^*)}{\partial(L-x)}e^{-rT}>\frac{\partial P_B(L-x^{**})}{\partial(L-x)}e^{-(r+\theta)T}$，从而 $\frac{\partial P_A(x^*)}{\partial x}>\frac{\partial P_A(x^{**})}{\partial x}$，与 $\frac{\partial P_A}{\partial x}<0$ 矛盾，于是有 $x^*<x^{**}$。可见，按从价方式对土地征房地产税，随着税率的增加，行为人会更偏好于即期可获得的收益，导致转换土地用途，税收就具

有了非中性特征。

b. 对建筑物课税

建筑物既是财产也是资本，通常将对建筑物课税视作是对资本征税。从微观层面看，局部均衡下对于自有建筑，由于税负转嫁的机会小，其需求将会受到影响。而对于经营性建筑物，税负往往会被转嫁，税收负担仍会一定程度上左右人们的投资。运用一般均衡方法分析，那么上述两种情况在社会总投资不变的前提下，对建筑物课税会实现资本的合理流动，影响到消费品市场和生产要素市场，并最终实现对社会投资、生产要素以及对产业部门的资源配置。

由于房地产的不可移动性，房地产市场往往带有区域性特征，对建筑物课税会影响到资源在不同地区间的配置。同等条件下，无论是建筑物自住者，在选择住宅时首选税收负担较轻的地区，还是对于经营性建筑物的所有者或使用者，面对地区差别税率，都会趋于选择低税率地区，以达到实现降低经营成本，实现收益最大化的目标，这都说明了地区间对建筑物课税税率的差异，将导致建筑物资本从高税区流向低税区，完成建筑物资本在地区间的流动。

4.2.4.2　房地产税对城市扩张的影响

以上分析说明了房地产税在多数情况下都表现为税收的非中性，具有资源配置的作用。在房地产税发挥其资源配置功效时，按照 Brueckner（1986）的城市土地资源利用模型的分析，如果房地产税使得开发商降低土地开发的密度导致单位土地上能容纳的人口密度下降，但城市容纳人口的总量不改变，必定需要更大的土地面积，终将导致城市扩张。因此，继续分析房地产税对城市规模的影响，这既是对房地产税的资源配置分析的进一步深入探讨，也为后面相关实证检验提供了理论支持。

假设 P 为单位面积房地产的价格，u 为居民消费的非居住商品，x 代表消费者居住地距离城市商业中心的距离，其通勤成本是 kx，$k>0$；居民收入为 y，其预算约束为：$u+p=y-kx$。那么，P 要满足等式（4.13）

$$P=y-kx-u=p(x,\ u) \tag{4.13}$$

从等式（4.13）可知，提高房地产税税率，虽然居民收入水平不变，房价保持稳定，但会影响开发商在单位土地面积上的开发强度，缩减房屋产量，单位面积上的人口密度下降。同时，在均衡条件下，提高房地产税税率还会降低城市土地租金，缩小城市空间规模，也缩短了城市边缘到城市中心的距离，但人口密度降低，会导致更大的房屋需求。这将引致房地产价格上升，消费者收入水平下降，城市土地租金增加，进一步带动城市边缘地区土地从农用地向非农业地的转变。可见，提高房地产税税率所带来的土地租金上涨会成为城市扩张的关键因素。

继续根据郭宏宝（2011）在《房产税改革的经济效应：理论、政策与地方税制的完善》和《财产税、城市扩张与住房价格》的相关研究，采用标准的城市扩张模型，并在借鉴 Song 和 Zenou（2006）消费者对数线性效用函数的基础上，合理植入房地产税变量，通过一般均衡分析，最终获得了房地产税与城市扩张、居民收入、住房价格、通勤费用等变量之间的相互关系。[1]

（1）生产者行为

假设 1：不将外来人口列入城市人口范畴，认为城市是非开放的单位宽度线性。

假设 2：拥有的中心区唯一，其位置处于城市中心。

假设 3：城市居民和开发商所拥有的地产和房产是唯一的。

假设 4：开发商的生产函数是柯布 – 道格拉斯生产函数：

$$Q = H(K, L) = 2\sqrt{KL} \tag{4.14}$$

其中，Q 代表房屋产出，K 表示除土地投入以外的其他所有投入，即住房建设中的资本投入，L 指土地投入。

为房屋的产出，L 为住房建设中的土地投入，K 为住房建设中的资本投入（这里指土地投入以外的其他所有投入），由于函数是单调增的、凹的、弹性不变的，令 $S = K/L$，于是我们可以把函数进一步改写成：

$$h(S) = Q/L = 2\sqrt{S} \tag{4.15}$$

$h(S)$ 表示单位土地面积上的产出，我们称之为开发强度，显然，在封闭城市的假设条件下，如果人均的住房面积保持不变，则 $h(S)$ 就体现为房屋的建筑高度，且有 $h'(S)>0, h''(S)<0$。于是，我们可以获得位于城市 x（$x\in[0, x_f]$），

[1] 以下理论分析参考了郭宏宝 . 房产税改革的经济效应：理论、政策与地方税制的完善 [M]. 北京：中国社会科学出版社，2011. 郭宏宝 . 财产税、城市扩张与住房价格 [J]. 财贸经济，2011.

x_f 为城市中心到城市边缘的距离）点的开发商的利润最大化函数：

$$\max_{s}\{\pi = P_H 2\sqrt{S} - (R + rS)\} \tag{4.16}$$

其中，π 为开发商单位土地面积上的利润，P_H 为单位住宅面积的价格；R 为土地租金，即开发商获得单位土地面积的价格，r 为开发商投入资金的单位成本。

（2）消费者行为

消费者以效用最大化为决策依据，无储蓄，且消费者只消费住房与其他商品，并通过选择两者不同的消费组合来实现自身效用的最大化。假定消费者消费的住房面积为 q，其他商品的数量为 z，于是消费者的消费行为可以表示为：

$$\max_{z,q} U(z,q) \tag{4.17}$$

$$s.t. z + Phq = y - cx$$

其中，y 为消费者在城市中心工作的平均收入水平，c 为居住在市中心之外导致的机会成本，主要包括通勤费用、时间价值等，x 为居住点离开城市中心的距离。约束条件表明：如果所有城市居民都是一样的，那么在其他商品消费组合不变的条件下，在城市不同地点的相同住房面积所带来的效用水平的差异就必须通过住房价格的变动予以补偿，也即价格的变动必须要抵消居民居住在非市中心的机会成本的增加。于是

$$P_H(x,z,y) = (y - cx - z)/q \tag{4.18}$$

对上式求导有：

$$\frac{\partial_{PH}}{\partial_X} < 0, \frac{\partial_{PH}}{\partial_Z} < 0$$

显然，如果收入水平 y 保持不变，那么价格 P_H 随着 x 的增加而下降是为了抵消居住在非城市中心的机会成本。当然，如果可以牺牲对其他商品组合的消费，那么对较高房价的支付能力就会增强。不过，要获得均衡状态的具体信息，现假设消费者具有对数线性的效用函数：

$$U(z,q) = z + \log q \tag{4.19}$$

结合（4.17）、（4.19）两式，通过求解消费者行为方程可得：

$$q = \frac{1}{P_H} \tag{4.20}$$

$$z(x,y) = y - cx - 1 \tag{4.21}$$

此时消费者的效用水平及支付的价格水平分别为：

$$U = y - cx - 1 - \ln P_H \tag{4.22}$$

$$P_H(x, u) = \exp(y - cx - 1 - u) \tag{4.23}$$

将（4.23）代入消费者的住房消费数量方程 $q = q(x)$ 有：

$$q(x,u) = \frac{1}{\exp(y - cx - 1 - u)} \tag{4.24}$$

尽管（4.24）式并没有明显说明住房消费面积与住房价格之间存在相关性，但却表明了住房面积与收入之间的相关关系：收入增加表示人们的支付能力增强，于是消费者的出价也会有相应的提高，但如果价格的上升速度超过收入的增长速度，那么消费者可以通过购买小面积住房应对，但这会导致消费者效用水平的降低。

（3）均衡分析

将（4.23）代入（4.16）可获得开发商在城市 x（$x \in [0, x_f]$）处开发住房的利润函数：

$$\max_s \left\{ \pi = 2\sqrt{S}\exp(y - cx - 1 - u) - (R + rS) \right\} \tag{4.25}$$

利用（4.25）式利润最大化的 F.O.C 条件，我们有：

$$S = \frac{\exp\left[2(y - cx - 1 - u)\right]}{r^2} \tag{4.26}$$

将（4.26）式代入（4.15）式有：

$$h(S) = 2\frac{\exp(y - cx - 1 - u)}{r} \tag{4.27}$$

定义人口密度为 D，并代入（4.26）式（4.24）式有：

$$D=\frac{h(S)}{q(x,u)}=\frac{2}{r}\exp\left[2(y-cx-1-u)\right] \tag{4.28}$$

在完全竞争市场中，开发商不可能获得经济利润，于是我们可以依据（4.25）式进一步解出开发商在利润最大化时愿意承担的土地租金：

$$R(x,u)=\frac{\exp\left[2(y-cx-1-u)\right]}{r} \tag{4.29}$$

现在，我们可以定义城市的均衡状态：在一个封闭、线性城市中，在土地私人交易的情况下，城市的均衡状态必定有：

$$R(xf,u)=R_A$$

$$\int_0^f\frac{h(S)}{q(x,u)}dx=N \tag{4.30}$$

（4.29）式表示开发商在城市边缘愿意承担的土地租金必须等于农地租金；（4.30）式则表明在一个封闭城市中，人口对城市扩张的限制。将（4.27）式代入（4.30）式，（4.28）式代入（4.29）式，并进一步求得：

$$cxf=y-1-u-\frac{1}{2}\ln R_{Ar} \tag{4.31}$$

$$cxf=y-1-u-\frac{1}{2}\ln\left\{xp\left[2(y-cx-1-u)\right]-Ncr\right\} \tag{4.32}$$

联立（4.31）、（4.32）为方程组，可解得最优的消费者效用水平与最优的城市规模：

$$u^*=y-1-\frac{1}{2}\ln(Ncr+R_{Ar}) \tag{4.33}$$

$$xf^*=\frac{1}{2c}\ln(1+\frac{N_C}{R_C}) \tag{4.34}$$

命题 1：如果城市是封闭的、线性的、城市土地可以进行自由交易，且消费者的效用函数为（4.19）式所示的对数线性函数、生产者的效用函数为（4.14）式所示的 Cobb- Douglas 生产函数，那么我们有如下结论：

$$\frac{\partial xf^*}{\partial N} > 0, \frac{\partial u^*}{\partial N} < 0 \quad (4.35)$$

$$\frac{\partial xf^*}{\partial c} < 0, \frac{\partial u^*}{\partial c} < 0 \quad (4.36)$$

$$\frac{\partial xf^*}{\partial R_A} < 0, \frac{\partial u^*}{\partial R_A} < 0 \quad (4.37)$$

分析表明：随着城市人口的不断增长，城市规模也必须扩张，否则将会出现城市居民效用水平的下降；通勤费用的增加，导致居民居住在非城市核心区的成本增加，效用下降，影响城市的合理扩张；农地租金的上涨直接影响开发商成本，继而阻碍了城市扩张与居民效用的提升。进一步，由消费者效用函数可知，居民效用水平之所以下降，是因为其住房变小，或者源于同样住房面积的价格支付上升。

如在命题 1 的基础上，考虑政府对持有住房课征从价税（t 为征税税率），代入前面分析公式。根据前述税收归宿分析，政府征税会导致新均衡状态下，供需双方价格偏离原有均衡价格。最终，通过一般均衡分析获得房地产税与城市扩张、居民收入、住房价格、通勤费用等变量间相互关系的研究思路，开征房地产税以后城市均衡时的最优规模与最优居民效用水平表现为：

$$x_f^* = \frac{1}{2c}\ln(1 + \frac{(1-t)Ncr}{2R_A^r}) \quad (4.38)$$

$$u^* = y - 1 - \frac{1}{2}\ln(\frac{Ncr}{2(1-t)} + \frac{R_A^r}{(1-t)^2}) \quad (4.39)$$

如果政府对持有住房行为课征从价税，则有：$\frac{\partial x_f^*}{\partial t} < 0, \frac{\partial u^*}{\partial t} < 0$

因此，可以说房地产税的征收将阻碍城市合理扩张，会给城市扩张带来负面影响。

»4.3　房地产税税收效应的理论

4.3.1　税收效应

税收效应是课税所引起的各项经济反应。具体来讲，征税人即政府为满足既定税收目标的需要，无疑会对经济施加某种影响，同时也会影响作为纳税人的个人和企业的消费行为和生产抉择行为。这种影响的程度和效果如何，是否与政府的最初意愿相违背往往成为大众关注的焦点。理论上，税收效应一般可以分为正效应和负效应、收入效应与替代效应、中性效应与非中性效应、激励效应与阻碍效应等方面。

4.3.1.1　正效应与负效应

课税后引致的系列经济效应通常被划分为正效应与负效应。产生的效应符合政府课税前的预期和目标，我们说产生的是正效应。反之，如果产生的效应背离了政府课税的预期和目标，则称其为负效应。

4.3.1.2　替代效应与收入效应

按纳税人所受征税的影响，税收产生的经济效应可以分为替代效应和收入效应。在实际中，由于征税导致某消费品或活动成本增加，价格上升，心理预期降低，人们往往会利用成本更低、价格更便宜、心理预期更高的产品和活动来替换，这就是税收的替代效应。通常征税产生替代效应，这意味着居民选择权的受限，不利于高效地实现社会经济发展目标。另一方面，如果因为征税转移出了纳税人的一部分收入，导致其实际可支配收入下降，这就是税收的收入效应。通常征税产生收入效应，使得居民的部分收入又重新回归政府所有。居民实际收入减少，会影响到其在消费、储蓄、投资等方面的行为，进而对社会经济发展带来影响。

4.3.1.3　中性效应与非中性效应

征收的税不会限制纳税人对消费、储蓄、投资等活动的选择，不会对社会收入分配、资源流动带来影响，进而不会给社会经济发展带来影响，这样征收的税被称之为中性税。中性税产生的效应就是中性效应。早在19世纪90年代，马歇尔在《经济学原理》一书中就正式提出了税收中性概念，但实际上中性税收只是一种理想的状态与假设。反之，征收的税将会限制纳税人在消费、储蓄、投资等活动的选择，对收入分配、资源流动带来影响，进而会给社会经济发展带来影响，这就是非中性效应。可以说，目前世界上还没有哪一种税能带来中性效应。

4.3.1.4 激励效应与阻碍效应

税收的征收还会对纳税人行为产生激励性或抑制性的作用。如果通过征税让纳税人更偏好某消费品或行为，这样的效应就是激励效应。反之，通过征税让纳税人更加远离某消费品或行为，这样的效应就是阻碍效应。一项税收对一种商品、要素、行为的激励，往往就是对另一商品、要素、行为的抑制。对于政府的课税是产生激励效应还是产生阻碍效应，实质上也说明了税收不可避免地要影响纳税人行为和资源配置效率，绝对的税收中性无法实现。

4.3.2 房地产税的经济效应与机制运行

理论上，西方经济学家强调征税应该保持中性，但实际中征税会对纳税人的各项经济行为产生影响，征税人也往往渴望借助征税来达到或实现既定的目标。税收中性只是一种理想状态，各项税收实质上都是非中性的，无论是激励效应还是阻碍效应，收入效应还是替代效应，正效应还是负效应都是其具体的表现形式。因此，对带着使命而征收的房地产税进行经济效应的研究是房地产税理论的重要内容。房地产税的经济效应是房地产的生产者和消费者就政府课征房地产税而在生产决策和消费行为方面做出的反应。现实中房地产税已经对参与主体产生了各种影响，带来了不同的效应。根据前述理论分析和本研究后面实证模拟检验的需要，在此房地产税的税收效应研究主要涉及以下内容：

一是，房地产税的课征往往会在一定程度上影响到房地产的市场价格，历来研究房地产税改革的影响通常也会与房价联系起来。而作为一项关系国计民生的特殊商品，房地产市场价格的变动，将会对经济主体的生产者和消费者带来一系列正效应和负效应、收入效应和替代效应，影响供给者的市场供给和需求者的需求情况，对企业生产和居民消费带来影响。

二是，我国正在推进的房地产税收改革如果力求推动和实现社会公平，改革后的税负设计应能够体现纳税人之间的横向公平，同时也应类似个人所得税，如能让税负水平符合房地产市场投机家实际所应承担的税收，达到纵向公平，大大压缩其投资获利空间，使得部分投机者被迫放弃在房地产上的投机行为，实现对市场供给机构的调整，优化对土地资源的利用，这将体现出房地产税在收入再分配和资源配置方面的影响（刘洋，2010）。

三是，比较征收税金、发行国债、行政收费，这些提升政府财政收入的途径，可以说税收这种方式比收费更合理，比国债更稳定。但目前我国地方政府财政被称为土地财政，热衷于采用一次性获取土地出让金的方式来作为地方政府财政的主要支撑，税收收入所占比例相对较少，形成了费用对税收的替代。那么房地产税改革是否会让税收成为获取地方财政收入的主要渠道，形成让税收代替收费的格局；是否会通过减少或取消不合理行政收费，给负担较重的房地产企业减负减压，这些都是房地产税经济效应研究需要考虑的内容。

四是，作为社会主要构成部分之一的微观主体，其经济行为的变化与波动都将直接或间接对整个社会经济带来影响。可以说，以政府、企业、居民为代表的微观经济主体因房地产税改革所形成的反映，也必将反映到整个经济社会的生产、投资、消费上，给社会消费模式、产业结构带来系列变化，最后影响到整个社会经济。

总之，当政府对房地产税进行改革与调整，利用税收调控工具的身份，以预期达到既定目标时，税收变化对纳税者所造成的税负变化与信息冲击，将随价格传导机制和居民心理预期改变，产生系列收入效应和替代效应。系列效应的产生，反映出微观经济主体的变化。如企业获取利润变化，社会供需变化，效用变化，这些都将导致企业生产行为、居民消费行为、政府税收行为做出相应的改变。微观主体的生产、投资、消费发生变化必将对宏观经济运行带来影响，而宏观经济的改变又会反向促进微观主体的进一步改变与适应，从而最终导致整个社会经济变化[1]（见图 4.1）。

---

[1] 此处观点参考了孟莹莹．中国消费税的经济效应研究 [D]. 成都：西南财经大学博士学位论文，2012.

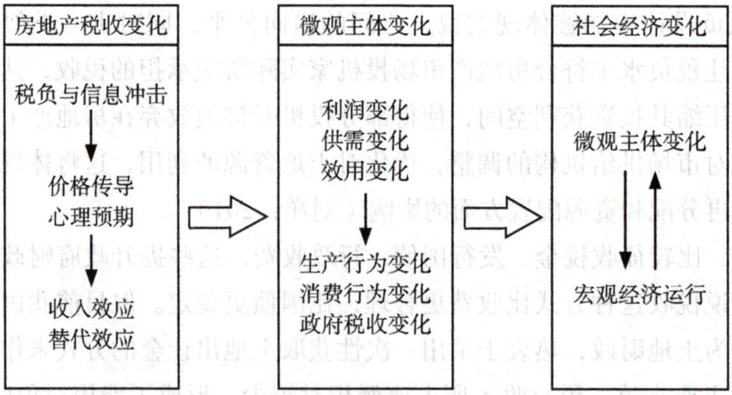

图 4.1　房地产税的机制运行

»4.4　房地产税合并征收的需求和供给的理论

在新制度经济学原理中，有效制度的产生离不开有效的制度需求和供给。只有需求而无供给，正式制度不会产生；同样，只有供给却无需求，制度虽能产生但不一定有效率。需求——供给分析往往成为经济学的经典分析框架，房地产税合并征收作为房地产税制度改革内容之一，与其他制度产生的内在机理一样，需要以有效的制度需求与供给为前提。要研究房地产税制改革，对房地产税合并征收进行设计，需要在制度需求——供给的框架下探讨房地产税合并征收的需求和供给。

理论上，税收要实现和发挥功能，需要一定载体，即一系列约束分配关系中双方行为的规则。而房地产税收制度就是有关房地产税收管理的行为规则和习惯。按照科斯的观点，房地产税收制度应当是节约税收中“交易费用”的一种制度安排，为征税主体和纳税主体之间的相互影响提供了一套运行框架，构成两者间的合作与利益秩序。房地产税制度的构成包括了正式规则、非正式规则及房地产税制度的实施机制。其中，房地产税的制度规则就是在税收征收中，征税部门和纳税人就如何征缴房地产税所确立的行为规则。而本研究的房地产税合并征收就属于房地产税具体征收规则的内容之一。

根据新制度经济学，制度需求的实质是当旧制度已成为制度制定者追求利益的绊脚石时，为改变这种境况，制定者往往会产生对制度变革的需求，以获取追求的利益。制度改变涉及利益重新分配，这就可能进一步影响到收入分配和资源配置的效率。

房地产税制需求分为征税主体的需求和纳税人的需求，两者共同构成了对房地产税制的总需求。以国家为代表的征税主体，体现的是诸如增加财政收入、增强包括收入分配和资源配置在内的国家调节职能，以及完善税制等方面的主要制度需求内容。国家的需求表现最为直接和强烈。而以纳税自然人与法人为代表的纳税主体，体现的是减少税收负担，降低纳税成本，促进社会公平，增进其他福利等纳税人的主要需求，这形成了需求的主要组成部分。目前，我国房地产税收轻持有、重流转，形成土地和房屋囤积现象严重，降低了资源利用效率（具体情况在第三章体现）。计划经济时代所确立的房地产税制与目前市场经济体制亦不相适宜。各环节税负不公平、征收主体、名目过多等问题日益突出。市场经济中，税收原则亦强调行政效率和经济效率，要求征收费用与税收收入的差异越小越好。因此，征税主体对目前房地产税收制度有着变革的需求。

而纳税主体除了期望房地产税合并征收作为新一轮税制改革的重要组成部分，进行社会利益格局的重新调整，增进福利需求，促进社会公平外，还提出节约纳税成本的需求。纳税成本主要包括办理纳税事项所支出的各种费用和违背纳税制度而承担的纳税风险成本。在税收实践中，纳税成本会随着房地产税制的简化而减少。纳税主体更欢迎简洁明了、易于遵循的房地产税制安排，面对目前种类繁多的房地产税制，自然也就提出了改革房地产税制、合并房地产税的要求。

另一方面从房地产税收制度的供给看，我国的房地产税制变迁属于供给主导型制度变迁，国家政府凭借政治优势和强大的资源配置权力，成为主要制度的供给主体，即房地产税制的供给主体就是征税主体。目前实际中突显的房地产税制问题，诸如结构不合理，税种设置覆盖面窄、课税对象不合理等反映的就是制度供给不足的问题。而房地产业相关税制设置不合理，房地产相关税制种类过多，政策目标“离散”等问题实际暴露出了目前房地产税制对于市场经济体制需求的相对过剩。

综上所述，无论是考虑纳税主体需求，减少房地产税制改革的阻力，还是对于制度的供给过剩，进行合理的清理归并，这都对目前的房地产税提出了合并征收的要求，在制度的需求和供给上奠定了房地产税合并征收的理论基础。

»4.5 小结

本章在对房地产特性与房地产税特点分析的基础上，利用公共经济学和房地产经济学的相关理论，从税收功能的角度研究了房地产税在分享房地产溢价、财政收入、收入分配与资源配置的功能。从税收经济效应的角度分析了房地产税的税收经济效应和税收机制。从制度供给和需求的角度也提出了房地产税合并征收。这些均为后续房地产税合并征收经济效应的模拟检验提供了分析的理论基础。

第一，房地产税分享房地产溢价的功能使地方政府通过征收房地产税参与到房地产价值增值的分配中。房地产增值主要得益于自身土地的稀缺性和外在政府对房地产的投资、管理以及颁布相关政策带来的效应。但也有一个重要前提：房地产税需要直接用在本辖区重点的基础设施及公共服务中。如果这种前提难以实现，不但不能实现房地产税分享房地产溢价，最终还会带来损害公众福利的负面情况。

第二，房地产税具有调节财政收入的功能，主要是体现在地方政府中。理论上，房地产税的税基不会随经济周期变化而波动，并能为地方政府提供长期稳定的收入来源。

第三，房地产税的收入分配功能需要结合房地产税的税负归宿、收入分布结构、课税对象、征税区域以及其他相关因素等来综合考虑该税收的累进性或累退性。总体上，房地产税有利于缓解公众的收入差距，具有累进性，但也存在加大公众收入差距的情况。

第四，房地产税资源配置功能在于房地产税增加了房地产的持有成本，能够打击房地产投机行为，促进土地的有效利用。但如果采用从量征收，在房地产供小于求的状况下，房地产税却会丧失该功能。房地产税的资源配置在城市土地资源利用中表现明显，为此进一步深化分析了房地产税对城市扩张的影响。

第五，房地产税经济效应实质上是税收非中性的体现。房地产税税收改变，在价格传导机制的作用下，对经济主体产生税负冲击和信息冲击，进而使经济主体产生收入效应和替代效应，并对各微观经济主体的心理预期带来影响，导致其经济行为的改变。经济主体的经济行为变化将直接或间接影响整个社会的生产、投资和消费，进而会使整个宏观经济发生变化，引导社会资源的重新配置。

第六，无论是考虑纳税主体需求，减少房地产税制改革的阻力，还是对于制度的供给过剩，进行合理的清理归并，这都对目前的房地产税提出了合并征收的要求。

第五章　我国房地产税合并征收经济效应的模拟检验
——基于功效发挥的角度

因房地产业可以对国民经济各产业产生明显的带动效应，因此国务院在2003年颁布的《国务院关于促进房地产市场持续健康发展的通知》中将其确认为我国国民经济支柱产业。随着我国经济和城市化的高速发展，个人财富不断增长，出现了社会贫富差距扩大与城市扩张资源配置不合理等一系列问题，根据本书第四章所述，理论上合理的房地产税可以在溢价回收、财政收入、收入分配、资源配置方面发挥税收调节功能，进而解决现实中出现的问题。而现实中作为一国重要税收经济政策，合理的房地产税还要能实现经济稳定的宏观目标，成为经济调控的重要杠杆和手段。那么采用本研究所提出的房地产税合并征收方案到底会如何影响社会经济运行？对其他相关行业会产生怎样的影响？其收入分配效应以及各因素的影响程度会有什么变化？对现有城市建设与扩张又将会带来怎样的影响？相关实证研究甚少。究其缘由，一是相关房地产税改革目前仍处于个别城市试点，范围窄、时间短，相关基础数据匮乏；二是无明确改革方案，涉及的诸多相关行业不易定量。实证研究的不足制约了人们对房地产税改革全面、深刻的认识，从而影响对房地产税改革的设计与完善。因此，本章分别从房地产税与经济发展和相关行业、房地产税与收入分配、房地产税与城市扩张三方面，就税收功能效应发挥的角度模拟检验房地产税合并征收所带来的影响。

»5.1　房地产税与经济发展和行业影响

房地产税改革将会与经济增长如何关联呢？这属于经济增长与税收的研究

范畴。关于增长理论，虽然新古典主义学派与内生理论学派就此并未达成一致，但都一致认为税收是影响经济增长的重要因素。以此为基础，国外学术界利用多国数据从税率、税收结构、政府支配税收等方面多角度多层次实证考察了两者的关联性。国内则主要从宏观税负的角度实证研究各项税收政策与经济增长的关系，但就具体税种对经济增长影响的研究很少。税种差异会反映到其所引致的各种经济效应上，故考察经济受税收的冲击情况，应根据税制结构考虑不同税种对经济增长的影响度（石子印，2008）。而大部分相关研究只涉及房地产开发与交易阶段的税收，未能体现持有环节房地产税的影响。因此，本节分别从不同的房地产税合并征收方案出发，从经济学上实证探讨其经济效应、行业影响，以期为房地产税改革的进一步细节设计给予指导。

5.1.1　房地产税对经济发展、行业影响的传导分析

房地产业的基础性地位决定了它对其他产业的广泛影响，据统计，和房地产相关的产业部门达 50 多个。这种高度的关联性，使得房地产业对国民经济和相关产业有重大的影响。理论上，房地产税改革会引起房地产价格变化，对于身处市场经济，在生产环节的生产者与消费环节的消费者来讲，他们的行为均会因其发生变化。这些变化最终经投资环节传递给投资者，引起经济增长上的连锁反应。另一方面，政府的财政收入水平也会因房地产税改革出现变化，为实现收支上的平衡，政府不得不重新考量其财政支出行为。这种政府需求变化也会影响到生产者的市场供给，影响到国民产出，最终给国民经济增长带来变化。（见图 5.1）

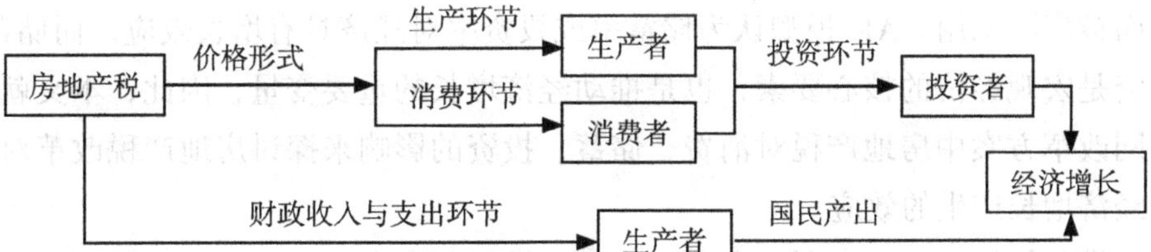

图 5.1　房地产税对经济发展的传导

此外，房地产税给房地产业带来的变化，经关联影响从房地产业蔓延到其相关产业，从而对整个部门经济产生影响。如提高房地产税，引起房地产价格

上涨，投资者会因利润空间的增加而加大投资，导致房地产产业值的增长，房地产业系列前后相关产业均会因此受到直接或间接的带动。（见图 5.2）

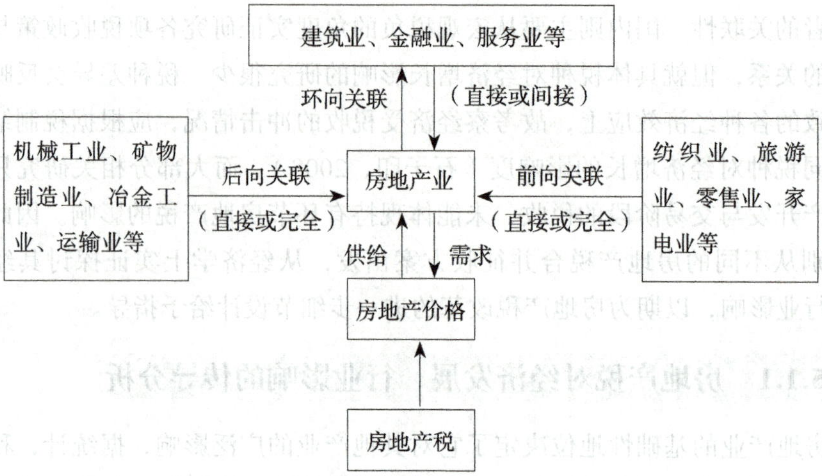

图 5.2　房地产税对相关产业的传导

5.1.2　基本模型

以内生经济增长理论中的 AK 模型作为本文研究理论基础，理由在于：一、研究证明内生经济增长理论可以为国家财政、产业政策等的制定提供有效的思路。简单的 AK 模型抓住了内生增长模式的本质特征，被誉为反映了内生增长理论基本思想的典型。二、我国许多学者研究表明，中国经济得到快速发展的主要因素在于资本积累，内生经济增长理论中的 AK 模型在研究我国经济增长方面被广泛采用。AK 模型认为储蓄率或投资率对经济具有增长效应，而储蓄、投资是宏观经济的核心要素，也是推动经济增长的重要变量，因此，本文就以不同改革方案中房地产税对消费、储蓄、投资的影响来探讨房地产税改革对我国经济增长产生的效应。

借鉴何辉（2011）利用内生经济增长模型研究金融市场税收经济增长效应的研究思路，根据 AK 模型，产出 Y 是资本（包括物资和人力资本）K 的函数，A 代表技术水平的正常数，即：$Y_t = AK_t$，用 I，S 分别表示投资与储蓄，如果第 t 期的资本源于当期产出中从储蓄中转化而来的投资，储蓄转化为投资的比例设为 ϕ'，改革调整后储蓄为 s'，IG、SG、sg 分别是投资变动率、储蓄变动率及储蓄率的变动率，经系列推断[1]，最终税收调控引起的经济增长率的变化量 Δg_{t+1} 等于：

$$\Delta g_{t+1} = A[1 - \frac{1+SG}{(1+IG)(1+sg)}]\phi' s' \tag{5.1}$$

式 5.1 从理论上解释了房产税收改革对经济增长的作用机制：一旦调整房地产税，将直接影响居民消费行为，增加或减少消费需求，致使居民储蓄发生变化，同时消费需求变化也影响到企业投资需求，从而影响到经济增长。此外，经济增长研究表明，经济开发程度、公共政策、城市化水平也是影响经济的重要因素，需对其进行控制。因此，关系表述如下：

$$gdpv = a_0 + a_1 taxv + a_2 sv + a_3 inv + \sum_{n=4}^{6} a_n x_n \tag{5.2}$$

其中，被解释变量 *gdpv* 为各省份国内生产总值增长率（上年 =100），用来反映经济增长。a_i（i=0,1,2,...,6）是常数，为各变量的影响系数。*taxv* 代表房地产税有效税率，即房地产税占收入的比重，储蓄率 *sv* 由居民储蓄占收入的比例来表示。这两个指标变化共同反应房地产税改革对居民个体上带来的经济影响。投资率 *inv* 则指固定投资占 GDP 的比重，以此表示房地产税改革对企业投资的经济效应。x_n 是其他控制变量，依次分别是表示经济开放程度的 x_1（为进出口额占 GDP 的比重），通货膨胀率 x_2（由历年居民 CPI 指数表示，上年 =100）和城市化率 x_3（取各省城镇人口与总人口比率，其中 2001-2004 年因数据缺失由城镇就业人数占总人数比率代替）。

5.1.3　实证模拟检验

5.1.3.1　房地产税改革与经济增长的经验估计

据前述理论，本文选取 2001-2012 年全国 30 个省市、自治区（西藏因部分数据缺乏，故剔除）共 12 年的省际面板数据建立回归模型。所有数据均来

[1] 具体推导见参考文献，何辉．金融市场税收经济效应研究——基于中国经济数据的实证分析 [M]. 北京：经济科学出版社，2011.

自于历年《中国统计年鉴》《中国税务年鉴》《中国国土资源年鉴》和中经网。使用 Eviews 6.0 对数据进行计量分析。

为避免模型设定的偏差，改进参数估计的有效性，得到可靠的估计值，首先进行模型形式设定检验。根据形式设定检验方法（N=30，K=6，T=12），两个 F 统计量分别为：F_1=0.4946，F_2=0.8721，然后查阅 F 分布表，就 5% 的显著水平标准下，得到的相应的临界值分别为：$F_{1\partial}$=（174，120）=$F_{2\partial}$=（203，120）=1.3145。可见 F_1<1.3245，F_2<1.3145，接受假设，采用不变系数形式，模型形式设定为：

$$gdpv_{it}=\alpha_0+\alpha_1 taxv_{it}+\alpha_2 sv_{it}+\alpha_3 inv_{it}+\sum_{n=4}^{6}\alpha_n x_{nit}+u_{it} \quad (5.3)$$

i=1，2，...，30，t=1，2，...，11，u_{it} 为随机误差。其次，分别采用 F 检验、个体效应的布罗施－帕甘（B–P）检验，豪斯曼（Haunsman）检验，进行模型筛选与检验。结果（表 5.1）显示选择固定效应模型。理论上面板数据样本来自小母体时，宜采用固定效应模型，反之应采用随机效应模型。文章以 30 个省市、自治区代替全国作为研究对象，属于前述小母体情况。理论与检验结果均适合采用固定效应，因此，最终模型采用固定效应形式。

表 5.1　　模型筛选与检验结果

检验内容	检验方法	原假设	检验结果
混合回归还是随机效应	Breusch–Pagan LM 检验	不存在个体随机效应，误差独立分布，H_0：$\sigma^2\gamma$=0	Chi–Sq Statistic=580.4753 prob=0.0000，拒绝原假设选择随机效应
混合回归还是固定效应	F 检验	个体效应显著下，H_0：$\gamma_1=\gamma_2=.\dots=\gamma_n=0$	F=18.2573>$F_{0.05}$（29.294）=1.5062，拒绝原假设选择固定效应
随机效应还是固定效应	Haunsman 检验	随机效应成立，个体效应和解释变量无关	Chi–Sq Statistic=45.0225 prob=0.0000，拒绝原假设选择固定效应

为避免估计偏差，还需进一步考虑固定效应中分别在时间维度上、横截面之间的相关性，以及群组间的异方差情况，对其残差进行检验（如表 5.2）。时间维

度上的自相关（即组内相关）检验采用伍德里奇序列检验（Wooldridge test），因面板数据 N 大 T 小，横截面间的相关性检验常采用 Pesaran 检验，而群组间的异方差（即面板异方差）则采用修正的沃尔德 F 检验（Modified Wald test）。

表 5.2　　模型异方差及相关性检验结果

检验内容	检验方法	原假设	检验结果
组内相关性	伍德里奇序列检验（Wooldridge test）	无一阶自相关	Chi-Square=16.2189 prob=0.0001 拒绝原假设，存在序列相关
横截面相关性	Pesaran 检验	截面间的相关系数为 0	F（1，29）=4.1830，rob>F=0.0000 拒绝原假设，存在截面相关
面板异方差	修正的沃尔德 F 检验（Modified Wald test）	面板同方差	Chi-Square=16.2189 prob=0.0001 拒绝原假设，存在异方差

从表 5.2 得知有异方差及自相关问题，运用可行广义最小二乘法估计（FGLS）纠正，最终回归结果如表 5.3。可见，各方案在 5% 的水平上估计效果较好，模型拟合度较高，可以解释 GDP 增长达 54% 以上。据估计系数，方案中各变量与 GDP 增长的关联性变化最显著是房地产税有效税率，已从显著负相关变为显著正相关，意味着在居民可接受的范围内，提高房地产税的有效税率，加大居民收入中房地产税的比例，将会加快不利经济增长向有益于经济的转变。从系数绝对值看，在不同的房地产税合并征收方案中受影响最大的是居民储蓄，这与石子印认为房地产税是一种财产税，财产税是对存量征税，但又有各期流量积累而成，因而征收财产税实质是对储蓄征税的结论相一致。从系数变化看，从方案 1 到方案 2，提高房地产税将使得除房地产税有效税率外的其余变量保持系数符号的一致性，但各系数均减少，其中城市化和储蓄率受影响最大，下降幅度分别达到 189.92%、46.86%，而投资率、经济开放程度与通货膨胀率仅减少 4.89%、6.04%、2.24%。再到方案 3，投资率和经济开放度继续保持下降态势，下降幅度分别为 6.7044%、11.2365%。而储蓄率、城市化、通货膨胀率的系数出现先降再升，呈“V”型发展，其中城市化和储蓄率受影响仍最大，下降幅度分别达到 35.08% 与 17.66%，通货膨胀率最终却增加了 1.6821%。这显示了在我国经济扩张的主要动力来自居民收入，在内需拉动尤

为关键的背景下，相对于对企业的冲击，房地产税改革将会给居民个体带来更为直接的影响。无论采用何种方案，投资率、经济开放程度与GDP增长始终保持正相关，房地产税改革对企业投资的经济效应继续保持促进作用，但提高房地产税有效税率将在一定程度上降低其效应。值得注意的是，虽然透过不同房地产税合并征收方案所关联的城市化对经济增长的影响甚微，但方案差异对其所造成的变化率却是最大。这说明，一旦将房地产税税收体系进行调整，纳入部分土地出让金，将更大程度地激发城市化对地区经济发展的效应。

表 5.3　　　　模型回归结果

解释变量	方案 1		方案 2		方案 3	
	系数	t 统计值	系数	t 统计值	系数	t 统计值
C	−0.326 1	−5.253 0	−0.293 2	−4.679 4	−0.354 375	−3.667 8
TAXV	−0.291 8	−2.191 4	0.037 2	2.298 7	0.039 510	2.664 4
SV	31.980 1	2.245 7	16.994 7	1.211 9	26.331 840	1.552 2
INV	0.100 0	9.372 8	0.095 1	8.908 6	0.088 775	5.422 9
X_1	0.052 8	1.126 9	0.049 6	1.037 3	0.049 331	0.775 7
X_2	0.013 9	23.729 4	0.013 6	22.949 9	0.014 205	14.967 7
X_3	−0.000 1	−0.202 6	−0.000 7	−0.579 3	−0.001 6	−0.0847
R-squared	0.702 1		0.692 5		0.534 5	
Adjusted R-squared	0.696 5		0.686 8		0.525 8	
F 值	126.893 0		121.290 7		61.813 2	
D.W	2.006 7		1.986 1		1.384 5	

5.1.3.2　房地产税改革对经济增长的微观解释

根据内生经济理论，经济增长可归因于要素投入或生产率的增长。以上已估计了房地产税合并征收对经济增长的平均效果，为进一步揭示房地产税改革影响经济增长的机制，到底是因政策变化扩大了对房地产业的投入还是由房地产业生产效率的提高所引致？以下继续从要素投入与全要素生产率两方面探析房地产税改革引致的经济变化的源泉。

（1）房地产税改革与要素投入

按照微观经济理论，生产要素投入主要包括资本、劳动和土地。为理清房地产税改革引致的经济变化的来源，继续利用前述相关数据。资本仍沿用固定资产投资指标 inv_{it}，由于没有供给时间数据，用各地房地产业城镇单位就业人数（年底数）反映劳动力 lab_{it}，为消除误差采用自然对数形式，而土地已以土地出让金的形式体现在方案 3 中。此外，经济学中新增长理论显示，对外贸易可以通过加快本国技术进步、提高要素生产率来促进经济增长（Lucas，1988）。奥肯定律也强调了 GDP 变化和失业率变化之间存在一种相当稳定的关系，菲利普斯曲线又表明失业与通货膨胀存在一种交替关系。于是分别选择经济开放度 X_1 与通货膨胀 X_2 作为资本与劳动投入的控制变量，最终建立如下模型，从资本与劳动两方面考察房产税改革对要素投入的影响。

$$inv_{it} = \alpha_0 + \alpha_1 gdpv_{it} + \alpha_2 taxv_{it} + \alpha_3 x_{1it} + u_{it} \tag{5.4}$$

$$lab_{it} = \alpha_0 + \alpha_1 gdpv_{it} + \alpha_2 taxv_{it} + \alpha_3 x_{2it} + u_{it} \tag{5.5}$$

$$i=1, 2, \ldots, 30, t=1, 2, \ldots, 12$$

其中，X_0，X_1，X_2，X_3 是常数。本文关注的是不同房产税改革方向中的系数 a_2，它代表了房产税改革对房地产业要素投入的平均影响。从系数 X_2 可以看出，方案 2 中的 X_2 大于方案 1 中的 X_2，说明在其他条件相同的前提下，合并税种扩大房产税征税率将形成资本投入略微增加，增幅为 5.30%，但在并入土地出让金，考虑土地因素后，增幅略有下降，最终维持在增长 5.28%。同时，劳动供给维持略微下降的局面，劳动供给最终减少 3.31%。显示房产税改革在资本投入的增长上比对劳动供给的减少更为显著，该税费改革对经济增长的影响更多的是通过资本投入带来而非劳动投入，这符合房地产业是典型的资本密集型产业的特征。

（2）房地产税改革与全要素生产率

继续对比不同房地产税合并征收方案引起的全要素生产率的变化情况。全要素生产率（TFP）是指在受社会体制日益进步的引领下，不考虑劳动投入与资本投入的影响，对给经济增长带来影响的技术进步、有效率的资源配置以及其他随机因素的总称。本文利用李俊钰（2013）研究显示的中国房地产业

表 5.4　　房地产税改革对要素投入的影响

解释变量	资本投入						劳动供给					
	方案 1		方案 2		方案 3		方案 1		方案 2		方案 3	
	系数	t 统计值	系数	t 统计值	系数	t 统计值	系数	t 统计值	系数	t 统计值	系数	t 统计值
C	−0.750 4	−5.005 4	−0.800 3	−5.131 0	−0.800 2	−5.124 7	−0.116 7	−0.053 0	−0.738 3	−0.324 1	−0.726 0	−0.319 0
GDPV	3.227 2	5.026 8	−0.071 0	−1.372 0	−0.064 6	−1.285 4	23.322 3	5.261 6	0.686 0	1.888 5	0.702 1	1.990 8
TAXV	2.060 7	8.233 0	2.169 9	8.747 6	2.169 4	8.731 6	−1.571 0	−1.280 1	−1.600 9	−1.237 8	−1.622 9	−1.262 6
X_1	−1.098 0	−8.592 4	−0.989 7	−7.582 6	−0.989 5	−7.577 7						
X_2							0.026 6	0.936 2	0.037 3	1.262 7	0.037 5	1.270 0
R-squared	0.348 3		0.301 9		0.301 4		0.081 9		0.014 8		0.015 9	
Adjusted R-squared	0.342 4		0.295 4		0.294 9		0.073 5		0.005 7		0.006 9	
F 值	58.039 0		46.986 9		46.877 7		9.706 1		1.634 0		1.766 8	
D.W	0.633 6		0.587 8		0.588 1		0.101 9		0.090 2		0.090 8	

Malmquist 全要素生产率指数变动趋势及相关数据，估算出我国房地产业 2001-2012 年的全要素生产率 TFP 的增长率，建立以下回归方程来探究房地产税改革是否引致要素生产率的变化。

$$TFP_{it} = \alpha_0 + \alpha_1 gdpv + \alpha_2 taxv_{it} + u_{it} \tag{5.6}$$

表 5.5 显示，系数 a_2 的绝对值远小于前述，说明与劳动、资本这样的传统生产要素相比，房地产税改革对经济增长的影响中 TFP 增长的贡献率较低。可见，在研究期间 TFP 贡献率呈现出平稳变化的发展态势，这表明技术进步对房地产业发展的影响是非常有限的，而传统生产要素的影响力仍旧占据主导地位。

表 5.5　　房地产税改革对全要素生产率的影响

解释变量	**全要素生产率**					
	方案 1		方案 2		方案 3	
	系数	t 统计值	系数	t 统计值	系数	t 统计值
C	0.044 2	1.221 2	0.049 4	1.321 0	0.050 29	1.344 6
GDPV	-0.062 5	-2.006 4	-0.055 3	-1.722 0	0.028 2	2.337 4
TAXV	0.747 9	4.874 5	0.738 0	2.249 3	-0.056 2	-1.749 5
R-squared	0.073 2	0.021 0	0.022 2			
Adjusted R-squared	0.067 5	0.015 0	0.016 2			
F 值	12.924 0	3.517 5	3.720 7			
D.W	0.047 5	0.030 3	0.030 8			

5.1.3.3　房地产税改革对相关行业的影响测算

前述已从各合并征收方案中房地产税有效税率的变化与 GDP 的反应来进行了研究。但房地产的行业关联性很强，需继续研究房地产税改革引致的相关行业的潜在税收影响，揭示房地产税变动带来的行业发展变化，才可能得出房地产税改革对社会经济运行影响的宏观认识。

（1）研究思路与数据

首先，分析房地产税改革引致的行业税负变化。通常行业房地产税税负为行业缴纳房地产税税额占收入的比率，是相对税负。本文以各行业的产出为基础进行测算。其次，进行各行业税收弹性的测算。税收弹性，亦称税收的 GDP 弹性，是描述税收收入相对于国民收入的弹性的指标，能刻画税收收入对经济增长的反应程度。利用税收弹性，研究税制对经济的影响，这在经济学中有着广泛的应用。

行业选择遵循《中国税务年鉴》中行业的划分，选择涉及缴纳房地产税的三大产业中的 17 个二级产业。各产业税收来自《2013 中国税务年鉴》，行业增加值来自《2013 中国统计年鉴》。由于无法获取各地区土地出让金的相关数据，在房地产税合并征收方案中仅选取方案 1、2 进行测算。

（2）税负影响测算

利用公式：行业税负 = 行业税收 / 行业产出

其中行业产出采用下列公式：

总产出 = 中间使用 + 最终使用 + 其他 – 进口

以 2012 年为例，根据方案 1、2 测算比较：（1）方案 2 将会使我国的房地产税收入提高 3152.65 亿元，其中第三产业增加最多，为 1 960.76 亿，占据 62.19%，第二产业次之，第一产业最少。行业税收比例上，方案 2 使第三产业从方案 1 的 5.71% 迅速上升到 17.39%，增幅为 204.41%，第二产业的增幅也达到 127.84%，而第一产业增幅仅为 18.53%。（2）房地产业的行业税负始终保持最高，从方案 1 到方案 2 增长了近 4.82 倍。在进行测算的 17 个行业中，房地产税改革使行业税负减轻的有 6 个，其中第三产业占 5 个，具体是包括制造业，交通运输、仓储及邮政业，信息传输、计算机服务和软件业，住宿和餐饮业，租赁和商务服务业，文化、体育和娱乐业。行业税负增加的有 5 个，分别是采矿业，电力、燃气及水的生产和供应业，建筑业，批发和零售业，金融业，其中第二产业 3 个。其余行业税负排位不变。（见表 5.6）

表 5.6　　　　行业税负情况比较

行　业	税收比重		行业税负	
	方案 1	方案 2	方案 1	方案 2
一、第一产业（农、林、牧、渔业）	20.723 2%	24.563 4%	0.015 0%	0.017 7%
二、第二产业	10.278 2%	23.418 1%		

续表

行 业	税收比重		行业税负	
	方案 1	方案 2	方案 1	方案 2
（一）采矿业	6.587 8%	17.304 1%	0.296 9%	0.779 9%
（二）制造业	19.373 8%	41.210 1%	0.582 2%	1.238 5%
（三）电力、燃气及水的生产和供应业	16.354 8%	34.189 2%	0.252 3%	0.527 4%
（四）建筑业	1.512 3%	6.030 9%	0.086 5%	0.345 1%
三、第三产业	5.711 4%	17.386 2%		
（一）交通运输、仓储及邮政业	5.004 5%	8.612 4%	0.190 4%	0.327 6%
（二）信息传输、计算机服务和软件业	4.879 7%	7.271 5%	0.298 5%	0.444 8%
（三）批发和零售业	9.252 6%	26.484 2%	0.506 1%	1.448 7%
（四）住宿和餐饮业	7.963 5%	12.093 1%	0.325 0%	0.493 5%
（五）金融业	2.478 4%	6.417 1%	0.343 5%	0.889 3%
（六）房地产业	5.861 9%	28.250 8%	2.266 1%	10.921 1%
（七）租赁和商务服务业	6.672 0%	10.557 0%	0.909 9%	1.439 7%
（八）居民服务和其他服务业	7.184 3%	13.366 1%	0.949 8%	1.767 1%
（九）教育	3.332 0%	5.306 6%	0.038 5%	0.061 3%
（十）卫生、社会保险和社会福利业	2.268 5%	3.092 8%	0.018 7%	0.025 5%
（十一）文化、体育和娱乐业	6.449 9%	11.410 8%	0.390 6%	0.691 0%
（十二）公共管理和社会组织	9.365 0%	17.528 6%	0.179 1%	0.335 3%

（3）税收弹性测算

通常税收弹性可以表示为税收收入增长率与国内生产总值增长率的比值，据此，设 ΔT 为税收变动，以 ΔY 为行业增加值，行业税收弹性 e 则可以表示为：

$$e=\frac{\Delta T/T}{\Delta Y/Y} \tag{5.7}$$

如果，$e>1$，说明税收富有弹性，税收增长速度快于 GDP 的增长速度，或者说高于经济增长速度；$e=1$，表明税收为单位弹性，税收增长速度与 GDP 增长速度一致，或者说与经济发展同步；$e<1$，表明税收的增长速度慢于 GDP 的增长速度，或者说低于经济增长速度。

结果表 5.7 显示：第一，房地产税合并征收中方案 1 税收弹性大于 1 的依次为文化、体育和娱乐业，农、林、牧、渔业，以及房地产业。说明以上行业的房地产税税收富有弹性，其房地产税的税收增长速度快于对应行业的增长速度。方案 2 中，税收弹性大于 1 的则是建筑业、居民服务和其他服务业、公共管理和社会组织三个行业。两方案中余下各行业税收弹性都小于 1。第二，从方案 1 到方案 2，除教育、租赁和商务服务业外的行业税收弹性均得以提高，这显示了房地产税改革使教育、租赁和商务服务业得到减负，税收弹性下降意味着此两行业波动对房地产税税收的冲击减小，对这些行业所征收的房地产税受国内生产总值日益增长的影响也将会逐渐增加。第三，值得一提的是，方案 1 中信息传输、计算机服务和软件业，和方案 2 中教育业的税收弹性小于 0。通常情况下，税收弹性应该大于或等于 0，但如果受税收变化的影响，出现负数，体现房地产税合并调整的方案将造成前述行业房地产税收入急剧减少，税收成本大大降低，税收弹性发生大幅变动。

表 5.7　　　　行业税收弹性比较

行　业	税收增长		行业增长	税收弹性	
	方案 1	方案 2		方案 1	方案 2
一、第一产业（农、林、牧、渔业）	15.7493%	17.7918%	15.0673%	1.045266	1.180821
二、第二产业	7.2710%	14.9641%	18.8687%	0.385345	0.793062
（一）采矿业	7.9439%	19.0519%	25.1739%	0.315560	0.756813
（二）制造业	7.3974%	14.0441%	18.3498%	0.403133	0.765357
（三）电力、燃气及水的生产和供应业	2.2460%	3.9325%	12.6876%	0.177023	0.309952
（四）建筑业	12.1855%	28.1774%	19.0285%	0.640381	1.480802
三、第三产业	12.9957%	37.5359%	17.2644%	0.752744	2.174173
（一）交通运输、仓储及邮政业	6.5723%	12.7440%	14.3783%	0.457097	0.886335

续表

行 业	税收增长		行业增长	税收弹性	
	方案 1	方案 2		方案 1	方案 2
（二）信息传输、计算机服务和软件业	-0.5632%	4.9270%	8.7969%	-0.064023	0.560081
（三）批发和零售业	6.2833%	22.1841%	23.3284%	0.269341	0.950947
（四）住宿和餐饮业	10.4429%	12.4958%	13.3504%	0.782216	0.935990
（五）金融业	7.2136%	12.2826%	18.0842%	0.398888	0.679191
（六）房地产业	22.1658%	60.0433%	22.1236%	1.001905	2.713993
（七）租赁和商务服务业	17.3006%	14.5037%	25.7401%	0.672127	0.563466
（八）居民服务和其他服务业	11.9954%	19.6877%	15.7484%	0.761691	1.250142
（九）教育	6.9384%	-6.5948%	14.8861%	0.466102	-0.443015
（十）卫生、社会保险和社会福利业	6.4718%	6.3266%	17.6726%	0.366204	0.357993
（十一）文化、体育和娱乐业	15.8741%	20.5663%	11.8704%	1.337283	1.732573
（十二）公共管理和社会组织	4.4836%	24.2637%	6.9159%	0.648311	3.508406

5.1.4 小结

结论如下：第一，在系列房地产税合并征收方案中，提高居民收入中房地产税税率，将会给居民消费与储蓄带来比企业更大的负面效应，而对企业投资则保持促进作用，但会在一定程度上降低其效应。

将部分土地出让金纳入房地产税合并征收方案即方案 3，能更大程度地激发城市化对经济发展的效应。

合并征收房地产税引致经济影响的根源是传统生产要素中的资本投入。

合并调整房地产税收体系，减少房地产建设和交易环节税费，将增加保有环节税收，对第三产业尤其是房地产业本身的影响最为显著，将整体降低第三产业的税负，增加第二产业的税负。

第五，合并税种，提高房产税税率将提升建筑业、居民服务和其他服务业、公共管理和社会组织的税收增速，使其税收以快于对应行业的增速增加。也会引致教育、租赁和商务服务行业的减负。尤其对教育、信息传输、计算机服务和软件业的税收波动影响最大。

»5.2 房地产税与收入分配[❶]

随着我国经济高速发展，个人财富不断增长，出现了较大的社会贫富差距。于是，有官员与学者提出应将房地产税主要功能定位于调节财富分配。但西方国家屡次出现针对房地产税的革命，导致了对房地产税进行限制的讨论盛行。如要对房地产税主要功能重新定位，必须结合我国国情对其收入分配效应以及各因素的影响程度进行评价，检验其是否符合预期以及达到目标的程度，否则如在决策层面对其现时功能定位的理解出现偏差，就可能会带来制度设计的扭曲，增加改革的成本。

理论上关于房地产税与公平收入分配职能，国外主要从税收归宿角度提出了两种截然不同的观点。国内学者虽然从理论上多角度多层次剖析了房地产税的累进性，但结合我国实际情况的实证检验研究却非常少。国内学者借鉴相关方法指标，针对个人所得税的收入分配效应，在居民收入分配的环境中以现实数据或建模模拟的方式进行了大量有效的实证分析，成果颇丰。但在房地产税尤其是保有环节的研究领域对其收入分配效应的实证检验，从税收整体和结构的角度，还存在空白。此外，由于无法获得不同收入居民除房产税以外的其他相关税收数据，因此本节仅以房产税为基础，利用相关统计数据实证检验我国房地产税的收入分配调节作用，指出影响其收入分配效果的主要原因，以期为房地产税改革提供实证依据。

5.2.1 房地产税对收入分配影响的传导分析

第四章理论分析显示，税收的功能之一即是调节收入分配，房地产往往也是个人财富的重要代表，房地产税具有的收入分配调节功能就成为政府运用该

❶ 本小节内容曾发表于《房产税收入分配效应的实证检验——基于结构和整体的视角》，在《当代财经》2013（12）：28-35.

税时的事前假设，成为开征该税的理论依据之一。理论上，当政府在生产环节对某些房地产课征房地产税，会使企业的生产成本增加，税后收益减少。为实现利润目标，生产者要么提高课税产品的价格，以保持原有收益，要么尽量把税负转嫁给消费者。如当税负转嫁失败，生产者就会通过降低职工工资、缩减职工福利等方法转嫁税负。因此，提价或降薪将间接引致消费者实际可支配收入的减少。而在交易和持有环节课征时，则会直接减少消费者的实际可支配收入。尤其是持有环节的连续征税，不同收入阶层对应的房地产税缴纳税负差异，就会直接反映到不同阶层消费者的实际可支配收入的差异上，此时就对整个社会的收入分配产生了影响。（见图 5.3）

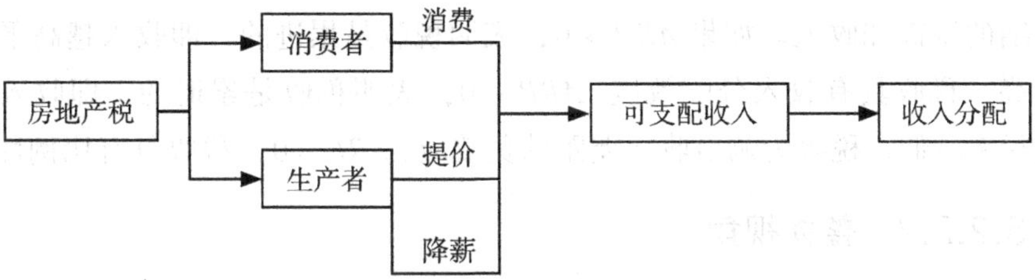

图 5.3 房地产税对收入分配的影响

但实际上，房地产税是否具有收入分配功能，发挥调节贫富差距的作用，这属于对税收公平的研究，核心是明确房地产税具有累进性还是累退性。学术界对此一直存在争论。具体按照课税对象性质、区域、时间不同，房地产税的税负转嫁和归宿也可能不一样，进而导致房地产税收的累进性不同，不能一概而论。此外，实践中房地产税收入分配的功能还会受到税制设计，是否考虑税收的支出效应，以及在土地与建筑物间、不同用途房地产间、不同价值房地产间和不同区位房地产之间房地产税税率差异等其他因素的影响。总之，简单地认为房地产税具有调节贫富差距的作用是武断的，需要具体情况具体分析。

5.2.2 基本模型

判别房地产税对收入分配影响的核心在于检验其税收累进性抑或累退性，其测量方法如前述分为古典和现代两大类。由于古典测量法无法从整体上揭示税制的累进性特征，现代测量法又缺乏对群体结构累进性的刻画，而国外研究表明税收结构存在高收入阶层的累进与低收入阶层的累退并存的局面，所以本文综合运用这两类方法，选用学术界应用最广泛，操作最简便的平均税率、Kakwani 累进性两大指标，分别从结构和整体两方视角进行检验。

5.2.2.1 结构视角

Pigou（1928）根据平均税率（Average Rate Progression，简称 ARP）如何随收入的变化而变化来衡量税收的累进性。公式为：

$$ARP=\frac{(\frac{T_1}{Y_1}-\frac{T_0}{Y_0})}{(Y_1-Y_0)} \tag{5.8}$$

其中，T_1，Y_1 分别对应高收入居民缴纳的税额和收入，分别对应低收入居民缴纳的税额和收入。如果 $ARP>0$，表明税收是累进的，即收入越高平均税率越高，税收具有收入分配效应；$ARP<0$，表明税收是累退的，即收入越高平均税率越低，税收为调节收入差距的负效应；$ARP=0$，税收具有比例性。

5.2.2.2 整体视角

作为计算收入分配不平等程度的重要指数，基尼系数（Gini coefficient）根据洛伦兹曲线来刻画人口累计比率与收入累计比率间的关系。基尼系数介于 0 和 1 之间，越接近 0，说明收入分配越平等；反之，越接近 1，则不平等程度越大。如 Y 为个人收入，$\overline{Y}$ 为社会平均收入，P 为人口累计比率，$f(Y)$ 代表收入累计比关于人口累计比的函数，$P=F(Y)$ 表示每个 P 有唯一的收入 Y 对应，则税前收入基尼系数（G），税后收入基尼系数（G_T）分别用洛伦兹曲线表示为：

$$G=1-2\int_0^1\int_0^{F^{-1}(P)}\frac{Yf(P)}{\overline{Y}}\mathrm{d}P\mathrm{d}P \tag{5.9}$$

$$G_T=1-2\int_0^1\int_0^{F_T^{-1}(P)}\frac{Yf_T(P)}{\overline{Y}}\mathrm{d}P\mathrm{d}P \tag{5.10}$$

如果 $G>G_T$，表明税收具有收入分配的正效应，能缩小居民收入差距；反之，$G<G_T$，说明税收的收入分配效果是消极的，扩大了居民收入差距。一般来说，税收基尼系数越大，税收调节的力度越大，税收对收入分配的调节作用越强。这实际上是利用收入分配效应来衡量税收的累进性。

在此基础上，1977 年 Kakwani 将累进性的定义从随平均税率的增加而提升分离出来，用税收集中系数与税前收入分布基尼系数的差异来衡量累进性强弱。Kakwani 累进性指数用 K 公式表达为：

$$K = C_T - G = 2k \quad (5.11)$$

其中，G_T，G 分别是税收集中系数与税前基尼系数，K 代表税前收入分布洛仑兹曲线与税收分布集中曲线所围面积。若 $K > 0$，表示税收累进，税收对收入弹性大于 1；反之，$K < 0$，税收累退，税收对收入弹性小于 1；$K = 0$，说明税制是比例的，税收对收入弹性为 1。Kakwani 进一步将税收前后的分配效应（即税收前后基尼系数之差）分解为税收累进性和税率两个影响层面，将税收前后的基尼系数差异表达为：

$$G - G_T = \frac{t}{1-t}K \quad (5.12)$$

t 是平均税率，可知 $G - G_T$ 与 t，K 呈正比关系，即税收分配效应将随平均税率和税制累进性程度的上升而增加。

5.2.3　实证模拟检验

5.2.3.1　数据来源与计算

目前我国对房地产保有环节征收的税种只有房产税和城镇土地使用税[1]。由于无法获得其不同收入居民城镇土地使用税及其他相关房地产税的数据，故本节仅对房产税展开分析。房产税是以房屋为征税对象，按房屋的计税余值或租金收入为计税依据，向产权人征收的一种税。因此，城镇居民分组的房产税由两部分累加所得，一是各收入阶层的购房与建房支出一次减除 30% 后的余值乘以税率 1.2%，二是各收入阶层的出租房收入乘以税率 12%。收入均采用年可支配收入。

样本数据为 2003-2011 年的年度数据。其中，2003 年数据来源于《2004 年中国价格及城镇居民家庭收支调查统计年鉴》，2004 年数据来源于《2005 年中国价格及城镇居民收支调查》，2005-2011 年数据则分别来源于《2006-2012 年中国城市（镇）生活与价格年鉴》。

[1] 从此处开始的房产税是指不包括沪渝试点的旧房产税，本节后续检验也以此为范围。

5.2.3.2 检验方法与思路

关于税收收入分配效应检验方法，国外从判别税收累进性抑或累退性的角度，基于不同的理论基础分为两大类。一是能分析不同收入群体累进性的古典测量法，主要有 Pigou（1928）提出的平均税率和边际税率，Musgrave & Thin（1948）提出的应纳税额等；二是采用单一综合指标的现代测量法，代表指标 Kakwani（1977）提出的 Kakwani 累进性、Poddar（1976）提出的 YNCPI 累进性等。本文采用研究中应用最为普遍的平均税率和 Kakwani 累进性指标。

明确累进性的测算方式和程度大小是分析展开的前提。在其测度上目前主要仍然遵循基尼系数的构建思路，通过既定分组的居民收入和实际税负相比较，分类计算税收是否具有累进性。在此测度思路下，本文运用基尼系数、平均税率、Kakwani 累进性指标，分别从结构和整体视角实证检验我国保有环节房产税的收入分配调节作用，进而剖析我国房产税再收入分配效果的主要影响因素。

5.2.3.3 前提假设

假设一，房地产的拥有与消费主要与其收入正相关，排除个体在购买或租用房地产时的攀比情况。即拥有或租用的房地产价值量越大的群体其收入越高。

假设二，不考虑除税率差异外的其他税收减免优惠。实践中税收优惠主要来自税率差异和减免优惠，本节不考虑减免优惠对于房产税累进性的影响。

假设三，不考虑持续多期房产供小于求的局面下，房产所有者将持有房产期间所缴房产税在交易时转嫁给买方的可能。

5.2.3.4 实证检验

（1）各收入阶层房产税累进性的结构比较

利用公式 5.8，遵循《中国城市（镇）生活与价格年鉴》收入七级划分法，以最低收入户为基准，将其余六组分别与之比较计算出 ARP，进行各收入阶层房产税累进性的结构比较。结果如表 5.8 所示。

在结构上，不同收入阶层居民间的房产税的平均税率具有显著的差异性，同期 ARP 值从低收入户到最高收入户具有明显的逐渐增加的态势，说明房产税对不同收入阶层居民的收入分配效应不甚相同。在总计 9 期数据中，低收入组、中等偏下收入组和中等收入组的房产税 ARP 均有负值出现，其中低收入组中有 6 期的 ARP 值小于零，意味着对低收入居民征收房产税更多体现的是累退性。中等偏下收入组和中等收入组也各有 3 期 ARP 值为负，征收房产税对这两组居民主要具有累进性，但在少数时期则具有累退性。而从中等偏上收入组到最高收入组的 ARP 值全为正，且上升趋势明显，显示了在后三组居民中征收房产税一直具有累进性。再以 2011 年为例，最高收入组的 ARP 值最大，高于中等偏上收入组 0.0006392%，远大于低收入人群 0.00064404%，说明平均税率尽管在低收入组出现反常，但在高收入阶层远大于中、低收入人群，房产税的平均税负在高收入阶层中的累进程度最高。

从时间上看，2003–2011 年每个收入组的 ARP 值不同，即平均税率的累进度也不同。总体上，2011 年房产税对居民的税负累进程度最高，最高收入组与最低收入组的平均税率之差为 0.000644%，而中等收入组与最低收入组的平均税率之差为 0.000004%。可见，房产税对居民收入的分配效应具有时期性。

表 5.8　　不同收入等级的 ARP（按 12% 征）　　单位：%

年份	低收入	中等偏下收入	中等收入	中等偏上收入	高收入	最高收入
2003	–0.00000986	–0.00000707	–0.00000246	0.00000085	0.00000132	0.00000666
2004	–0.00001269	–0.00000297	–0.00000383	0.00000031	0.00000352	0.00000819
2005	0.00000528	0.00000472	0.00000206	0.00000435	0.00000654	0.00000780
2006	–0.00000322	0.00000047	0.00000060	0.00000577	0.00000870	0.00001106
2007	–0.00000872	–0.00000348	–0.00000101	0.00000288	0.00000349	0.00000596
2008	–0.00000348	0.00000023	0.00000294	0.00000361	0.00000405	0.00000483
2009	0.00000300	0.00000271	0.00000426	0.00000452	0.00000628	0.00000698
2010	0.00000037	0.00000041	0.00000339	0.00000456	0.00000517	0.00000541
2011	–0.00000104	0.00000047	0.00000341	0.00000376	0.00000379	0.00064300

继续判断税率变化是否会对房产税的收入分配功能产生影响，根据财政部国家税务总局《关于调整住房租赁市场税收政策的通知》（财税 [2000]125 号文件）“对个人按照市场价格出租的居民住房，用于居住的，暂减按 4% 的税率

征收房产税”，在此将房产税率由12%调低至4%，结果为表5.9。仍以2011年为例，将房产税调低8个百分点后，中等偏下收入至最高收入的房产税平均税率分别下降0.00000001%、0.00000186%、0.00000215%、0.00000204%、0.000031%，房产税率降低使得最高收入的平均税率减少最多，说明税率降低会让高收入组居民获利最大。最高收入组与最低收入组的平均税率之差变为0.000612%，减少了0.000032%，而中等收入组与最低收入组的平均税率之差则为0.000002%，也降低了0.000002%，表明降低房产税，平均税率累进度减弱，只会在一定程度上削弱房产税对中高居民的收入分配功能，房产税作为牵一发而动全身的改革，只调节高端的原则非常重要，应及早明确，给全社会吃一颗定心丸（贾康，2013）。

表5.9　不同收入等级的ARP（按4%征）　单位：%

年份	低收入	中等偏下收入	中等收入	中等偏上收入	高收入	最高收入
2003	−0.00000267	−0.00000223	0.00000133	0.00000335	0.00000234	0.00000622
2004	0.00000140	0.00000001	−0.00000067	0.00000241	0.00000451	0.00000637
2005	−0.00000049	0.00000203	0.00000209	0.00000366	0.00000448	0.00000500
2006	0.00000114	0.00000066	0.00000231	0.00000474	0.00000661	0.00000699
2007	−0.00000104	0.00000002	0.00000140	0.00000282	0.00000255	0.00000389
2008	−0.00000039	−0.00000004	0.00000160	0.00000207	0.00000189	0.00000240
2009	0.00000066	0.00000171	0.00000311	0.00000314	0.00000399	0.00000439
2010	0.00000057	0.00000065	0.00000252	0.00000227	0.00000254	0.00000279
2011	−0.00000047	0.00000047	0.00000155	0.00000161	0.00000175	0.00061200

（2）房产税累进性的整体比较

将有关数据代入公式（5.9）~（5.12）计算各项指标，进行房产税累进性的整体比较。其中，税后基尼系数由分组居民个人年均可支配收入计算而来，税前基尼系数是在个人年均可支配收入的基础上加上不同组所缴纳的房产税计算所得，再分配程度为税收分配效应除以税前基尼系数。将最低收入、低收入合并为低收入组，占总数的20%，高收入和最高收入合并为高收入组，占总数

20%，其余中等偏下、中等、中等偏上不变，仍分占20%。结果如表5.10所示。

表5.10　　房产税前后基尼系数比较

年份	（1）房产税后基尼系数	（2）房产税前基尼系数	（2）-（1）差异量	再分配程度	平均税率	k 指数
2003	0.104130	0.126594	0.022464	17.74%	0.15%	14.968994
2004	0.103287	0.114362	0.011075	9.68%	0.18%	6.087783
2005	0.123652	0.142734	0.019081	13.37%	0.19%	10.269624
2006	0.118113	0.147243	0.029129	19.78%	0.20%	14.649339
2007	0.112721	0.130821	0.018100	13.84%	0.19%	9.420077
2008	0.124821	0.132491	0.007671	5.79%	0.19%	4.094530
2009	0.116916	0.143739	0.026823	18.66%	0.23%	11.694624
2010	0.106753	0.117374	0.010621	9.05%	0.21%	4.975118
2011	0.106323	0.112150	0.005827	5.20%	0.21%	2.752717

2003–2011年间全国房产税税后的基尼系数均小于税前，整体上为正向效应，房产税具有一定程度上的居民收入差距调节作用。不同时期全国房产税前后基尼系数差异值迥异，呈波浪式发展。其中在2003、2006、2009年的差异较大，均相差0.02以上，此时房产税对居民的收入分配调节效应最显著。可能的解释是，这三个时期正好处于我国房价快速上升的时段，由房价上涨带来出租房产收入与购房、建房成本的增加直接导致了房产税的较大幅度上升。此外，这三个时期也是我国房产税改革的三个关键点。2003年我国提出了拟开征物业税，2006年多地“空转”试点，2009年再次明确提出房产税改革。房产税改革虽然没有实质上的内容，但财税政策对居民的心理预期还是存在一定的影响，反映到房地产市场上被扩大。这进一步证明了房产税收入分配效应的时期性，其主要原因可能在于居民收入、心理预期、消费和投资趋向以及房价波动带来的房产价值随时间的变化而有所差异。

9年间降低税前收入不平等的程度平均达到12.5679%，房产税分配效果较明显。与同具调节收入功能的个人所得税相比，2007–2010年4年间我国个人所得税的再分配效应平均仅为0.5266%，国际上12个OECD国家的个人所得税的再分配效应最高也只有9.8540%。实际上房产税的再分配效果更佳，这可能在于除了价值量高、形态稳定、易于发现的自然禀赋外，房地产在居民财富中往往占据很大比例，是我国居民个人财富最主要的显现形式。而实际上由于灰色收入的隐蔽性，如果高收入者隐瞒收入、持不合作态度，个人所得税的调节作用往往十分有限，可以说以调节财富存量为实质的房产税的再分配效果优于调节财富流量的个人所得税。

根据Kakwani分析，税收再分配效果由税收累进度和平均税率决定。从平均税率看，除2008年和最后两年有微弱降低外，其余各期都保持了逐渐递增趋势，九年的平均税率仅为0.1941%。与美国相比，1932年该税占纳税人收入的比例一度高达11.3%，即使在现代税收革命的1965年和1970年间，也达到4.1%到4.3%。目前我国房产税占税收收入的比重低，以2010年为例仅为1.1552%。由此可见，我国房产税的平均税率偏低。再看税收累进指数，发展轨迹与再分配程度一致，表明我国房产税具有累进性特点，高收入者承担税负的比例高于其收入比例，低收入者则相反。数值上均为正数，9年平均值为8.7681，远高于我国个人所得税指数0.40165。可见，正是高累进性而非平均税率导致我国房产税再分配效应显著。我国房产税占税收收入的比重低，究其原因，在于目前房产税主要来源于对营业用房的征税，而我国居民私房自有率高达89%，如果考虑部分流动人口在老家有房，却在工作城市租房，实际全国住房私有率应该更高的情况下，对个人居住房产征收房产税仍是空白。

继续检测房产税税率变化对居民收入差距的影响，同前将房产税税率由12%调整为4%。税后基尼系数变化结果如表5.11显示，按12%税率征收的房产税后基尼系数都不同程度地小于房产税率为4%的税后基尼系数，说明整体上削弱房产税税率可降低房产税调节居民收入差距的能力。

表5.11　　不同税率的房产税后基尼系数比较

年份	（1）房产税后基尼系数（按12%）	（2）房产税后基尼系数（按4%）	（2）-（1）变化量
2003	0.104130	0.126226	0.022096
2004	0.102421	0.114362	0.011941

续表

年份	（1）房产税后基尼系数（按 12%）	（2）房产税后基尼系数（按 4%）	（2）－（1）变化量
2005	0.123652	0.141653	0.018000
2006	0.118113	0.145809	0.027695
2007	0.112721	0.129457	0.016736
2008	0.124821	0.130678	0.005857
2009	0.116916	0.142063	0.025147
2010	0.106753	0.115341	0.008587
2011	0.106323	0.110145	0.003822

值得一提的是，将计算所得的房产税基尼系数与我国最新公布的居民收入基尼系数对比，在数值上前者明显偏低，主要是因房产税计算范围缩小及误差所致，但从发展趋势上看（如图 5.4），两者总体一致，尤其分别在 2006、2009 年出现峰值，此后渐行下降。因此，以房产税基尼系数得出的前述结论具有科学性、合理性。

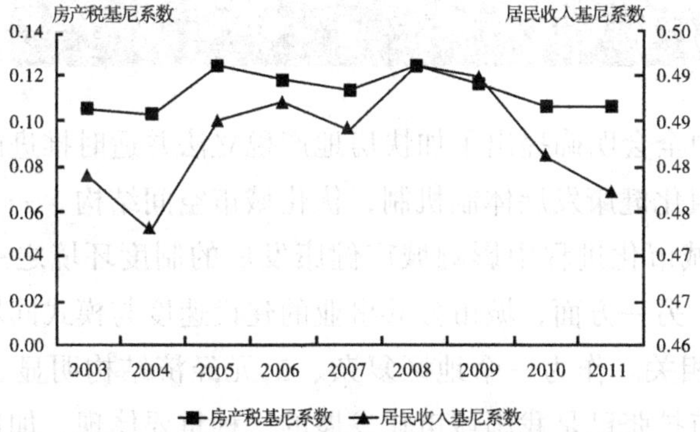

图 5.4　居民收入基尼系数与房产税基尼系数比较

5.2.4　小结

第一，我国房产税的收入分配效应整体上为正，结构上呈现低收入群税收累退与中高收入阶层递增性税收累进并存的局面，能在一定程度上起到调节居民收入差距的作用。其再分配效应主要取决于累进性而非平均税率，降低房产税税率只会在一定程度上削弱对中、高收入居民的收入分配功能。

第二，我国房产税的收入分配效应具有时期性。不同时期房产税前后基尼系数不同，不同收入组的累进程度也迥异。房产税的收入分配效应除受税制自身影响外，还受到诸如房价波动、居民收入、心理预期、消费和投资趋向等外在因素的影响。

第三，以调节财富存量为实质的房产税的再分配效果优于调节财富流量的个人所得税，这为将房产税功能定位于收入分配提供了实证支持。

需要说明的是，以上结论是利用旧房产税，在前述假设前提下所得。一是，可能存在统计误差。二是，如果拓宽假设限制，房产出售者可能将房产税转嫁给需求者，此时可能出现房产税不但不能改善收入公平，反而将恶化收入分配状况（这也是进一步研究的方向）。三是，国外已出现因房产税围绕调节收入目标设计导致对土地利用不利，或在一定程度上破坏收入公平的事实出现。四是，本节因数据获取限制，仅采用房产税进行了实证检验。因而，对于具有多功能的房产税，收入分配并非其最佳功能定位的首选。如将以上结论进一步放大到整个房地产税中仍需待数据完善后的进一步检验。

»5.3 房地产税与城市扩张

十八届三中全会明确提出了加快房地产税立法并适时推进改革的要求，也指出要完善城镇化健康发展体制机制，优化城市空间结构。一方面，房地产税改革作为我国城市化进程中影响城市健康发展的制度环境之一，一直都是公众关注的热点。另一方面，城市公共事业的建设速度与模式同城市住房业的建设与发展密切相关。作为一个地区复杂、二元经济结构明显、人口众多的国家，快速的城市扩张已是我国城市化发展的一种重要体现。加速发展的城市化进程亦对我国公共事业建设提出严峻挑战。研究房地产税改革对现有城市建设与扩张的影响，无论是对于房地产税改革的设计与完善，还是对于正确贯彻实施十八届三中全会决议都具有迫切的现实意义。此外，探讨房地产税与城市扩张是对房地产税资源配置研究的深化。对此，国外相关研究颇丰，而国内相关研究甚少，仅有的研究还主要是从房地产税对房价的影响展开。实证研究的不足既影响了全面、深刻地认识房地产税改革，影响对房地产税改革的设计与完善，也不利城镇化健康发展。那么房地产税改革将会与城市扩张如何关联呢？本节分别通过房地产税合并征收的不同方案模拟分析两者的关联。

5.3.1 房地产税与城市化关系的一般分析

城市扩张是我国城市化进程中一项重要体现。城市化也是伴随工业化而必然产生的经济现象，是各国经济发展的共同规律。一般国际上衡量一个国家或地区城市化水平的方法是测算其居住在城市的人口占总人口的比重，本论文仍源用该指标。从图 5.5 可以看出，近年来我国城市化水平始终处于一种稳步上升的趋势，就十多年城市化率来看，已由 2000 年的 36.22% 快速增加到 2012 年的 52.57%，提高了 16 个多百分点，意味着城镇平均每年增加 1.6 千万的人口。

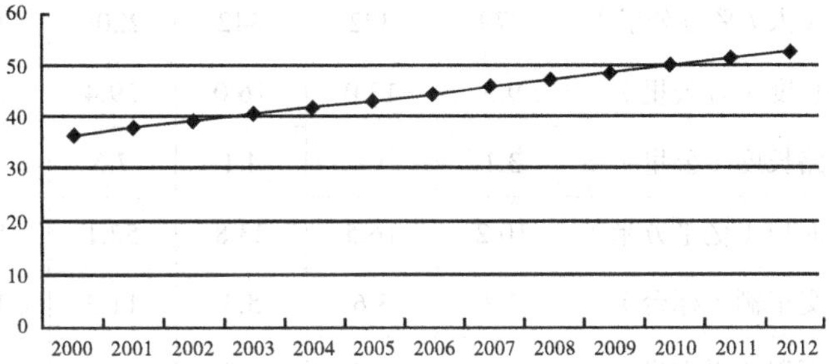

图 5.5 2000–2012 年我国城市化率走势（%）

同期，我国的商品房平均销售价格从 2000 年的 2112 元 / 平方米上涨到 2012 年的 5791 元 / 平方米，翻了近两番（图 5.6）。我国城市公用事业基本情况（表 5.12）显示，2012 年的城市人口密度已达 2307 人 / 平方公里，是 2000 年的 5.22 倍，1990 年的 8.27 倍。城市市政设施方面，以年末实有道路面积为例，也从 2000 年的 23.8 万亿平方米迅速提高到 2012 年的 60.74 万亿平方米，增速 255.23%，说明我国城市化快速发展的同时，城市建设投入的相关方面资金需求地迅速增加。很显然，对于我国大部分城市而言，当地政府在承担应有社会责任之余，并没有太多的预算资金来满足城市的快速扩张，往往靠地方土地出让收入来支撑和弥补。短短十多年，我国土地出让金占地方一般财政收入的比例已从 9.3% 快速上升到 2012 年的 44.04%，接近一半。（见图 5.7，图 5.8）而这种城市扩张带来的“政绩”恰好适应了当前我国对当地官员政绩考核的需要，在此激励和催化下，也为政府进一步征地提供了支撑和动力。

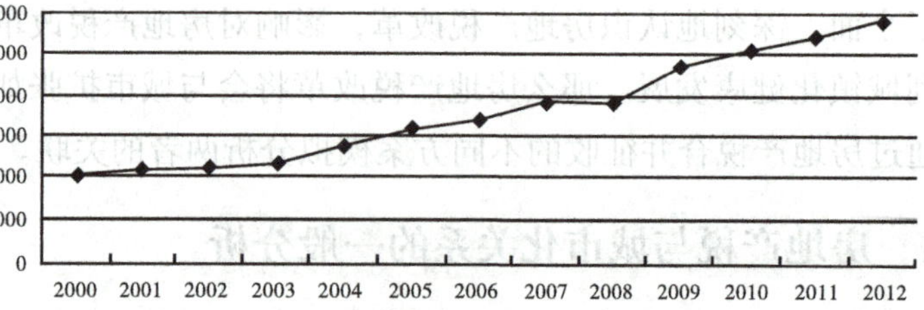

图 5.6　2000–2012 年全国商品房平均销售价格（元 / 平方米）

数据来源：历年《中国统计年鉴》

表 5.12　　　　我国城市公用事业基本情况

项目	1990	1995	2000	2010	2011	2012
城市人口密度（人 / 平方公里）	279	322	442	2209	2228	2307
年末实有道路长度（万公里）	9.5	13.0	16.0	29.4	30.9	32.7
每万人拥有道路长度（公里）	3.1	3.8	4.1	7.5	7.6	7.7
年末实有道路面积（亿平方米）	10.2	16.5	23.8	52.1	56.3	60.7
每万人拥有公交车辆（标台）	2.2	3.6	5.3	11.2	11.8	12.1
人均公园绿地面积（平方米）	1.8	2.5	3.7	11.2	11.8	12.3

数据来源：2013 年《中国统计年鉴》

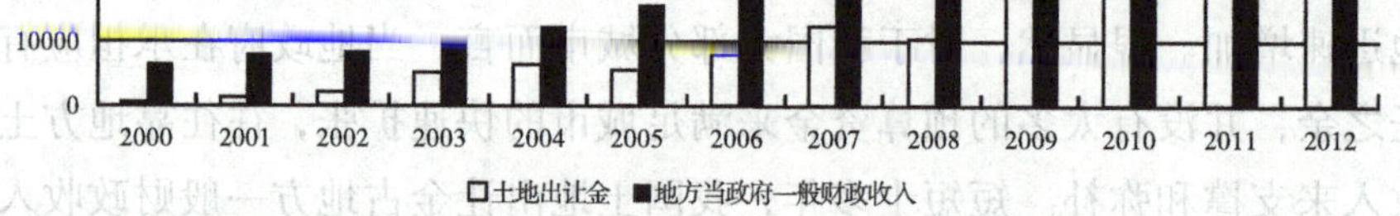

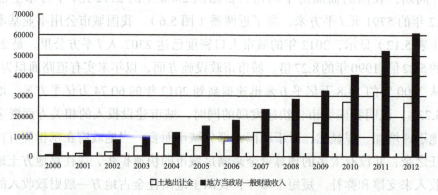

图 5.7　2000–2012 年全国土地出让金与地方一般财政收入对比（亿元）

数据来源：除 2012 年土地出让金来源于《2012 中国国土资源公报》，其余均源于历年《中国统计年鉴》《中国国土资源年鉴》。

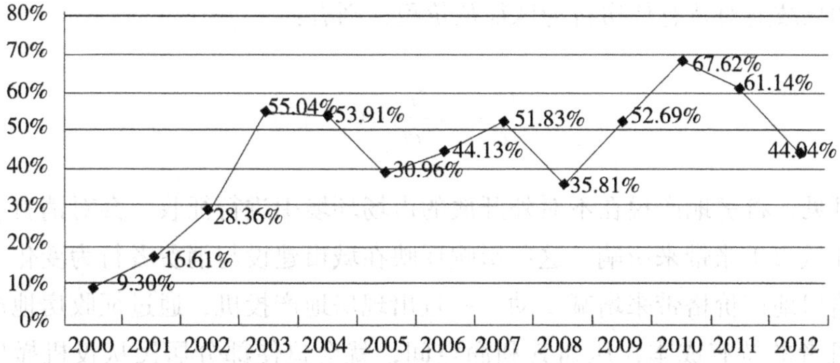

图 5.8　2000–2012 年土地出让金占地方一般财政收入比重（%）

数据来源：作者根据相关资料计算所得

毫无疑问，目前我国城镇化建设正高速发展，这就需要地方政府投入更多的资金来兴建更多基础设施。根据前面理论和实践分析，房地产税是一种典型的财产税，税基广泛且持续，不易隐藏，不可移动的特点往往使地方政府偏好将其作为地方财政收入获取的主要来源之一。但我国目前房地产税的地位还不够突出，应发挥的作用还远远未实现。要让房地产税充分发挥其特点和功能，迫切需要我们将目前地方政府收入过度依赖土地出让金的土地财政，转变为可持续性地增长，这都离不开房地产税改革。可以说，城市化与房地产税之间具有相辅相成的关系。城市化的健康发展对房地产税的改革提出了要求，为其获得征收房地产税所需的稳定的物质资源，而房地产税收则为城市化建设提供重要的资金支持。

5.3.2　基本模型

此处根据第四章房地产税与城市扩张的理论分析结论，将房地产税与城市扩张、交通成本、房屋价格、居民收入放在一般均衡分析的框架下来探讨其关联性。开征房地产税以后城市均衡时的最优规模与最优居民效用水平表现为：

$$x_f^* = \frac{1}{2c}\ln(1+\frac{(1-t)Ncr}{2R_A^r}) \tag{5.13}$$

$$u^* = y-1-\frac{1}{2}\ln(\frac{Ncr}{2(1-t)}+\frac{R_A^r}{(1-t)^2}) \tag{5.14}$$

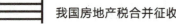

如果政府对持有住房行为课征从价税，则有：

$$\frac{\partial x_f^*}{\partial t}<0,\frac{\partial u^*}{\partial t}<0$$

可见，将房地产税在不对外开放的市场环境中进行征收，会对消费者效用水平和城市扩张带来影响。这些影响反映在城市建设与消费者行为变化上，进而会给房地产价格带来增减变动。一旦出现房地产投机，通过征收房地产税加大投机者的持有成本，压缩其利润空间，就会迫使部分居民从投机撤出。此外，影响城市扩张的因素很多，诸如，城市人口增长，基础设施建设等，为消除遗漏变量所导致的内生性问题，将其作为控制变量。因此，房产税与城市扩张间的关联性，可表述如下：

$$areav=\alpha_0+\alpha_1 taxv+\alpha_2 incomev+\sum_{n=3}^{4}\alpha_n x_n \tag{5.15}$$

为消除异常变化的影响，以上数据均采用增长率形式。其中，首先对于变量城市扩张，已有研究主要选取了城市经济规模、城市人口、城市建设面积等的增长率来表示。考虑到本研究前面理论探讨内容以及数据收集的方便性和可得性，此处研究的被解释变量 *areav* 为各省份城市建设区面积增长率（上年 =100），用来代表城市扩张。*ai*（$i=0$，1，2，…，6）是常数，为各变量的影响系数。

其次，*taxv* 代表房地产税有效税率，即房地产税占收入的比重。这里收入分别选取商品房销售额与住宅销售额，以此反映不同房产税税收范围的情况。房地产税税额（*tax*）的确定则需要考虑税收的征收对象是广大民众，要便于税收金额的获取。此外还考虑到居民税收承担量的合理性，至多与目前税收额持平，不能加重居民负担，这样才能获得居民的支持。而目前按前述章节分析，对于房地产税的征收仅是提出了就现有房地产税合并征收的一种思路。因此，房地产税税额分别采用前述不同方案下有关税种合并计算金额代替，以此来研究作为财产税典型代表的房地产税与城市扩张间的关联。

再次，居民消费与其收入存在最直接联系，用城市职工工资总额增长率来代表居民消费效用水平。x_n 为其他控制变量，依次分别是表示城市年末人口增长率的 x_1 和通勤费用增长率 x_2（由历年城市交通面积增长率 *roadv* 表示，上年

=100)。因为，城市通勤成本无法直接或取，但它与城市基础设施，尤其是道路密切相关，一般认为城市道路面积增长较快必然导致较低的交通成本。

5.3.3 实证模拟检验

5.3.3.1 变量选取及其描述性统计

以全国 30 个省市、自治区（西藏地区因部分数据缺失除外）2001–2012 年间的相关数据作为研究样本，数据主要来源于历年《中国统计年鉴》《中国国土资源年鉴》《中国城市统计年鉴》《中国房地产统计年鉴》。数据的描述性统计结果如表 5.13 所示。

表 5.13　　样本数据的描述性统计

变量	城市建设区面积（单位：万平方米）	职工工资总额（单位：亿元）	人口（单位：万人）	通勤费用（单位：万元）	房地产税（单位：亿元）		
					方案 1	方案 2	方案 3
Mean	1118.9540	1389.0180	4336.8300	13417.64	25.7728	87.2246	93.7259
Median	886.2000	671.5000	3816.0000	9588.0000	11.8871	49.5281	52.2614
Maximum	4829.3000	33713.8000	10504.8500	66123.0000	249.5100	840.1700	862.9640
Minimum	97.8900	29.5000	523.1000	602.0000	0.7024	1.9515	1.9694
Std. Dev.	831.1250	3301.2550	2613.4860	12334.4400	38.3028	111.9845	120.7759
Skewness	1.7206	6.6694	0.5355	1.9969	3.5110	3.0986	3.0491
Kurtosis	6.6798	53.3302	2.4012	7.0270	17.1939	15.6173	14.9914
Jarque–Bera	349.0051	37276.8900	20.7030	442.3055	3448.1860	2717.0400	2488.4980
Sum	369255.0000	458376.1000	1431154.0000	4427820.0000	8505.0100	28784.1200	30929.5600

5.3.3.2 模型设定检验

为避免模型设定的偏差，改进参数估计的有效性，得到可靠的估计值，首先进行模型形式设定检验。根据形式设定检验方法（N=30，K=6，T=12），两个

F统计量分别为：F_1=0.4946，F_2=0.8721，查F分布表，在给定5%的显著性水平下，得到的相应的临界值分别为：$F_{1\partial}$=（174，120）=$F_{2\partial}$=（203，120）=1.3145。可见 F_1<1.3245，F_2<1.3145，接受假设，采用不变系数形式，模型形式设定为：

$$area_{it}=\alpha_0+\alpha_1 taxv_{it}+\alpha_2 road_{it}+\sum_{n=3}^{4}\alpha_n x_{nit}+u_{it}$$

i=1，2，…，30，t=1，2，…，11，u_{it} 为随机误差。其次，分别采用F检验、个体效应的布罗施－帕甘（B–P）检验，豪斯曼（Haunsman）检验，进行模型筛选与检验。结果（表5.14）显示选择固定效应模型。理论上面板数据样本来自小母体时，宜采用固定效应模型，反之应采用随机效应模型。文章以30个省市代替全国作为研究对象，属于前述小母体情况。理论与检验结果均适合采用固定效应，因此，最终模型采用固定效应形式。

表5.14　　　　　　　　模型筛选与检验结果

检验内容	检验方法	原假设	检验结果
混合回归还是随机效应	Breusch–Pagan LM 检验	不存在个体随机效应，误差独立分布，H_0：$\sigma^2\gamma$=0	Chi–Sq Statistic=560.4913 prob=0.0000，拒绝原假设选择随机效应
混合回归还是固定效应	F 检验	个体效应显著下，H_0：$\gamma_1=\gamma_2=.\ ...=\gamma_n=0$	F=19.2553>$F_{0.05}$（29.294）=1.5062，拒绝原假设选择固定效应
随机效应还是固定效应	Haunsman 检验	随机效应成立，个体效应和解释变量无关	Chi–Sq Statistic=43.0625 prob=0.0000，拒绝原假设选择固定效应

为避免估计偏差，还需进一步考虑固定效应中分别在时间维度上、横截面之间的相关性，以及群组间的异方差情况，对其残差进行检验（如表5.15）。时间维度上的自相关（即组内相关）检验采用伍德里奇序列检验（Wooldridge test），因面板数据N大T小，横截面间的相关性检验常采用Pesaran检验，而群组间的异方差（即面板异方差）则采用修正的沃尔德F检验（Modified Wald test）。

表 5.15 模型异方差及相关性检验结果

检验内容	检验方法	原假设	检验结果
组内相关性	伍德里奇序列检验（Wooldridge test）	无一阶自相关	Chi-Square=15.2689 prob=0.0001 拒绝原假设，存在序列相关
横截面相关性	Pesaran 检验	截面间的相关系数为 0	F（1，29）=4.1830，prob>F=0.0000 拒绝原假设，存在截面相关
面板异方差	修正的沃尔德 F 检验（Modified Wald test）	面板同方差	Chi-Square=14.2089 prob=0.0001 拒绝原假设，存在异方差

5.3.3.3 模型经验分析

从表 5.15 得知有异方差及自相关问题，运用可行广义最小二乘法估计（FGLS）纠正，最终回归结果如表 5.16 和表 5.17。可见，各方案在 5% 的水平上估计效果较好，模型拟合度高，可以解释 GDP 增长达 98% 以上。据估计系数，无论征税范围是住宅还是扩展到商品房，方案中各变量与城市扩张的关联性变化最显著是房地产税税率，为显著负相关。这意味着开征统一房地产税更多的是会抑制城市的扩张。此外，回归分析结果还显示，在各考察因素中，居民收入水平在促进城市扩张方面虽为正向作用但效果最不显著，而居民人口增加则是城市扩张最重要的诱因，其次是城镇基础建设状况。不同方案比较，方案 2 的系数变化非常明显，说明在将房地产流转与保有环节合并调整，征收房地产税的方案对城市扩张的影响最明显。

表 5.16 回归结果（征税范围：住宅）

Variable	方案 1		方案 2		方案 3	
	Coefficient	t-Statistic	Coefficient	t-Statistic	Coefficient	t-Statistic
C	-1717.8850	-11.0151	-1743.1400	-11.1275	-1741.0260	-11.1014
Taxv	-325.5493	-1.9637	-168.9516	-2.3514	-159.9220	-2.2458

续表

Variable	方案 1		方案 2		方案 3	
	Coefficient	t-Statistic	Coefficient	t-Statistic	Coefficient	t-Statistic
Income	0.0061	2.2501	0.0060	2.2337	0.0060	2.2275
Population	0.5214	13.4478	0.5319	13.4843	0.5312	13.4349
Road	0.0435	30.5531	0.0429	28.8052	0.0430	28.7649
R-squared	0.9899	0.9901	0.9900			
Adjusted R-squared	0.9888	0.9889	0.9889			
F-statistic	887.4616	892.4627	891.0118			
Durbin-Watson stat	0.7150	0.7128	0.7119			

表 5.17　回归结果（征税范围：商品房）

Variable	方案 1		方案 2		方案 3	
	Coefficient	t-Statistic	Coefficient	t-Statistic	Coefficient	t-Statistic
C	−1709.3740	−10.9717	−1729.8640	−11.0656	−1727.8640	−11.0427
Taxv	−366.2718	−1.7871	−191.0634	−2.1375	−180.6550	−2.0335
Income	0.0061	2.2637	0.0061	2.2506	0.0061	2.2457
Population	0.5186	13.4141	0.5276	13.4388	0.5269	13.3941
Road	0.0437	30.9601	0.0432	29.3822	0.0432	29.3544
R-squared	0.9899	0.9902	0.9901			
Adjusted R-squared	0.9887	0.9889	0.9888			
F-statistic	885.4812	889.5924	888.2953			
Durbin-Watson stat	0.7159	0.7142	0.7133			

通常误差中的遗漏变量，测量误差和联立性会引发模型的内生性问题。以上分析只考虑了测量误差和遗漏变量对模型内生性问题的影响，由于存在这样一种联立性的内生性问题，房地产税与城市扩张之间存在着不可确定的关联性，即城市扩张在促进房地产税税收的同时，也会反受其在发展上的限制。因此，本文以教育（education）作为房地产税的工具变量来消除这种偏差。选择教育的理由是：为避免上述内生性问题的出现，工具变量的确定应采用与城市扩张没有关联性的因素。此外，教育经费的获取主要源自于地方政府财政支出，基于房地产税与地方财政的关联性，房地产税必将对教育的发展带来重要影响。表 5.18 和表 5.19 是加入工具变量后的回归结果。

对比发现，加入工具变量后，模型的拟合度进一步提高至 99% 以上，各系数符号仍保持一致，各项系数仍存在前述关系。各方案对比情况也无变化。值得注意的是，房地产税率系数的绝对值明显减小，在考虑内生性问题的背景下，模型显著性的提高意味着具有排除经济以外的因素正对城市扩张产生作用，这恰好与郭宏宝（2011）认为影响城市扩张的因素可能包括了诸如政绩冲动下的非理性支出等行为的结论相吻合。

表 5.18　　加入工具变量的回归结果（征税范围：住宅）

Variable	方案 1		方案 2		方案 3	
	Coefficient	t-Statistic	Coefficient	t-Statistic	Coefficient	t-Statistic
C	-1450.8950	-9.5278	-1455.0740	-9.4059	-1451.4140	-9.3767
Taxv	-153.6523	-0.9727	-54.6643	-0.7793	-46.9002	-0.6753
Income	0.0053	2.0903	0.00533	2.0938	0.0053	2.0929
Population	0.4623	12.3051	0.4636	11.9621	0.4624	11.9072
Road	0.0361	20.3995	0.0361	20.2995	0.0362	20.2939
R-squared	0.9912	0.9911	0.9911			
Adjusted R-squared	0.9902	0.9901	0.9900			
F-statistic	978.3180	977.1878	976.6834			
Durbin-Watson stat	0.7426	0.7402	0.7408			

表 5.19　加入工具变量的回归结果（征税范围：商品房）

Variable	方案 1		方案 2		方案 3	
	Coefficient	t-Statistic	Coefficient	t-Statistic	Coefficient	t-Statistic
C	-1444.5480	-9.5099	-1446.3040	-9.3983	-1442.9860	-9.3734
Taxv	-158.8009	-0.8143	-52.5034	-0.6037	-43.2370	-0.5007
Income	0.0053	2.0977	0.0053	2.10062	0.0054	2.1003
Population	0.4602	12.3031	0.4607	11.9822	0.4595	11.9322
Road	0.0362	20.4948	0.0362	20.4233	0.0363	20.4221
R-squared	0.9912	0.9911	0.9918			
Adjusted R-squared	0.9901	0.9907	0.9913			
F-statistic	977.3741	976.3783	975.9987			
Durbin -Watson stat	0.7438	0.7423	0.7429			

5.3.4　小结

研究结果表明，正如理论预期的那样，合并统一房地产税的开征更多的是会抑制城市的扩张。此外，在各考察因素中居民收入水平在促进城市扩张方面虽为正向作用但效果最不显著，而居民人口增加则是促进城市扩张最重要的诱因，其次是城镇基础建设状况。不同方案比较，方案 2 的系数变化非常明显，说明在将房地产流转与保有环节合并调整时，征收房地产税的方案对城市扩张的影响最明显。此外地方政府在片面强调自身利益与追求政绩的驱使下，往往也会导致城市非理性扩张情况的出现，即非经济的因素也会作用于城市扩张。因此，要能有效实行合并开征统一房地产税的改革不光需要考虑税收改革、土地制度改革，而是应该将其放到经济、政治、社会统筹兼顾的系统环境下考量。

第六章　我国房地产税合并征收经济效应的模拟检验——基于微观主体的角度

广义上我国的房地产税涉及了房地产的开发、交易和保有各环节。按目前重保有，实行房地产税合并征收的房地产税改革趋势，又将会在微观上对我国的房地产企业、地方政府以及居民带来怎样的经济效应影响呢？本章从各房地产税合并征收方案给房地产市场微观主体——房地产企业、地方政府、居民所带来的影响出发，进行我国房地产税合并征收经济效应的模拟检验的研究。

»6.1　房地产税与房地产企业

按前述与房地产直接有关的 5 种税种，房地产企业均会涉及，加上与房地产开发建设有关的营业税、城市维护建设税和教育费附加，企业所得税、印花税和系列行政性费用，房地产税费在房地产企业开发成本构成中比例较大，一般达到 15%–25% 左右。而包括土地出让金在内的土地费用，目前在我国城镇商品房住宅价格构成中约占 20%–50%，且往往由开发商一次性向国家上缴。对现行房地产税合并征收，或进一步涉及部分土地出让金，是否会对房地产企业的经营成本带来较大影响，进而对企业的盈利能力和供给能力造成一定的变化呢？本节一方面从全国和地方角度选取典型房地产企业，另一方面从房地产供给角度，分别考察了房地产税合并征收对房地产企业的经营业绩和生产供给的影响。

6.1.1　房地产税对房地产企业影响的传导分析

根据前面第四章相关理论，在房地产税对房地产企业的收入效应与替代效应的影响下，因房地产税的变化，会引致房地产生产成本的上升，如税负不能转嫁出去，则利润空间缩小，进而房地产企业会降低对该产品的供给，甚至转寻其他替代品的生产。

作为市场经济的主体之一，生产企业追求的目标是企业利润的最大化。对于房地产企业来讲，具体实施的房地产税改革方案不同，其影响也可能不一致。假设 F_1 为税前房地产企业供给 X 商品和 Y 商品的生产可能性曲线，I_1 为消费的无差异曲线，两者交点 E_1 表示此时生产者的利润实现了最大化。如果方案加重对房地产保有环节的税收，闲置的土地需按市场评估价值纳税，必将大大增加开发商囤地捂盘的成本。为保持目标利润，房地产企业可能会加速开发进度，生产可能性曲线上移到 F_2，在点 E_2 与代表无差异曲线的 I_2 重合，导致企业提高产品供给。房地产企业也可能会放弃该土地开发，此时的生产可能性曲线下移到 F_3，与无差异曲线 I_3 相交于 E_3，导致企业减少产品供给。反之，如果方案将现有房地产税合并征收，并保持与合并前一致的税收总规模，土地出让金由一次性向房地产企业征收改为年金分期向业主征收，则房地产企业需要承担的税费总额将大大降低，其经营成本随之大大减少。（见图 6.1）

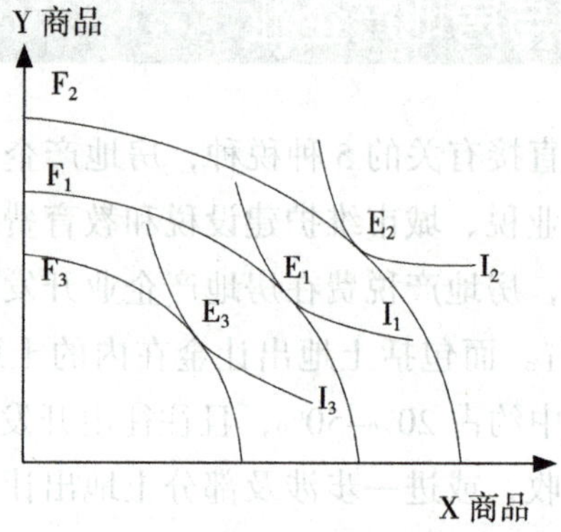

图 6.1　房地产税对企业生产的影响

另一方面从税负看，在征收房地产税或进行房地产税合并征收前，假设房地产企业只分别提供 X 和 Y 两种产品，F 为企业供给这两种商品的生产可能性曲线，I_1 为消费者的无差异曲线。两者相切于 E_1，表明生产和交换同时均衡，此时生产者与消费者都达到了效用最大化。切线 P_1 的斜率则表示两商品的边际替代率。如果调整后对于 X 商品的房地产税的整体税负增加，生产者不能把税负完全转嫁出去，而需自己负担部分税负时，就会使 X 商品的经营成本增加，原先的均衡失效，实现新的均衡 E_2。此时，因 X 商品的营业利润降低，则最终可能促使房地产企业将 X 商品由产量 Q_1 减少到 Q_2，而商品 Y 由产量 Q_3 增加到 Q_4，这样就产生了偏好于用 Y 产品的生产来替代 X 产品生产的结果。反之，如果调整后 X 商品房地产税的整体税负不变，增加保有环节的税负则意味着开发、交易环节税负的降低，或调整后整体税负甚至下降，则会因其经营成本的减少，增加企业营业利润，可能促进房地产企业增加对 X 商品的供给量而减少对 Y 商品的供给。（见图 6.2）

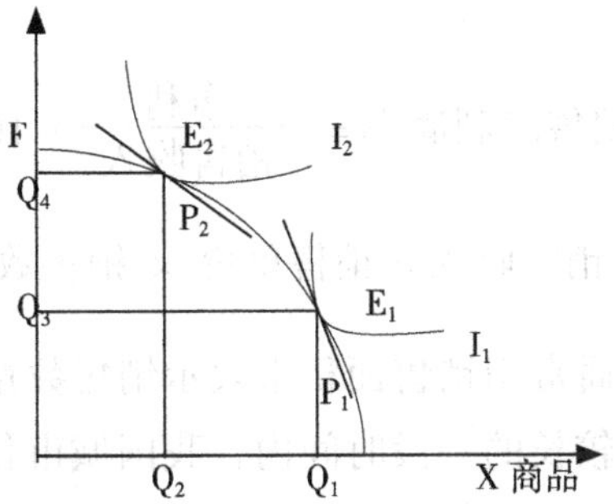

图 6.2　房地产税对产品的替代效应

非房地产企业会随房地产税对房地产业及其相关行业影响的传递，根据自身行业特点与企业性质获得不同的影响。关于房地产税对房地产业及其相关行业的影响已在前面分析，故此部分不加以研究。

6.1.2　基本模型

从上述房地产税对房地产企业影响的一般分析可以看出，房地产税将会对房地产企业自身盈利水平，乃至房地产供应带来一定程度的影响，本节后续模拟检验也拟从这两方面展开，因此此处分别从房地产税改革对房地产企业带来的个体经营业绩（盈利能力）与整体供给两方面展开分析，为后期实证模拟检验建立基本模型。

6.1.2.1　关于房地产企业的盈利能力

此处，参考巴曙松、刘孝红、尹煜（2011）等在关于房地产税对房地产企业影响研究中的思路与方法。一般来讲，任何企业都是追逐利润的产物。财务上，盈利能力就是企业赚取利润的能力，可以通过企业的利润额与其他各有关指标计算出的比率得出。对于企业生产经营的最终财务成果就是利润，获取利润是企业生产经营的首要目的，也是各方关注的中心。[1]房地产税改革对房地产企业的利润和盈利能力的影响分析显得尤为重要。

反映企业盈利能力的指标通常有销售净利润率、销售毛利润率、资产净利率、净值报酬率等。前文分析中房地产税改革会通过成本、房价作用于房地产企业，对其利润和盈利产生影响。从指标构成看，销售净利润率的计算与房地产销售价格与企业利润有着直接的密切关系，因此本研究选取最常用的销售净利润率。

$$销售净利润率=\frac{净利}{销售收入}\times 100\% \tag{6.1}$$

其中，

$$销售收入=销售单价\times 销售数量 \tag{6.2}$$

对于房地产企业通常用销售面积来表示销售数量，销售单价也为销售面积的单位价格。在未来较长的一段时间内，我国城市化进程将持续存在，长期影响销售数量的刚性购房需求也将稳定增长，因此本节研究假设销售数量不变，研究销售收入时仅考虑销售价格。

而“净利”在我国会计制度中为税后利润，其构成如下：

$$税后利润=税前利润-所得税$$

税前利润又称为利润总额，又由以下部分构成：

$$税前利润（利润总额）=营业利润+营业外收入-营业外支出 \tag{6.3}$$

公式 6.3 中，营业利润 = 营业收入 – 营业成本 – 营业税金及附加 – 销售费用 – 管理费用 – 财务费用 – 资产减值损失 + 公允价值变动收益（– 公允价值变动损失）+ 投资收益（– 投资损失）

由于营业利润是企业利润总额的主要构成部分，因此在分析房地产税税负变动对房地产企业盈利能力影响时，用营业利润来代替利润总额。

[1] 沈维涛 . 财务管理学 [M]. 厦门：厦门大学出版社，2006.

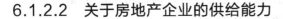

6.1.2.2　关于房地产企业的供给能力

从前面房地产税方案看，房地产税改革的重点在于现有房地产税的合并以及是否采用从一次性收取土地出让金转为按年金收取。参考并对比常莉（2007）建立的房地产税改革前后房地产开发商供给函数与总成本函数 6.4 与 6.5 的变化。

$$
\begin{aligned}
&S_t = a + bE(I_t) \\
&E(I_t) = E(P_t) \times M - Cost \\
&Cost = C_{Land} + C_{Fee} + C_{Other} \\
&\text{且} \quad b = \frac{\partial S_t}{\partial E(I_t)} > 0
\end{aligned} \tag{6.4}
$$

$$
\begin{aligned}
&S_t = a_2 + b_2 E(I_t) \\
&E(I_t) = E(P_t) \times M - Cost \\
&Cost = C'_{Land} + \sum R_a + (\sum T_w - \sum T_f) + C'_{Fee} + C_{Other} \\
&\text{且} \quad b = \frac{\partial S_t}{\partial E(I_t)} > 0
\end{aligned} \tag{6.5}
$$

其中：S_t 为 t 期房地产供应量；$E(I_t)$ 是开发商对 t 期的预期收益；$E(P_t)$ 是 t 期房地产预期单价；M 表示总销售面积，它与房地产预期单价为房地产销售额；$Cost$ 代表 t 期项目总成本，由土地成本 C_{Land}，开放期费用 C_{Fee} 和其他成本 C_{Other} 构成。房地产税改革后，总成本 Cost 在改革前的基础上增加了房地产持有期间的分摊的土地年金 $\sum R_a$ 和扣除税收减免 $\sum T_f$ 后的房地产税 $\sum T_w$。

对比发现，假设除房地产税与土地出让金改革之外的其他因素不变，房地产税改革前影响房地产企业供给的因素主要为预期房地产收益、土地价格和开发期费用。改革后如果实行房地产税合并，并考虑税收优惠和土地出让金收取方式发生变化，房地产企业的总成本中 C_{Land} 将减少到 C'_{Land}，下降的幅度是原来的土地综合地价扣除土地出让金的差额。合并税费后房地产企业开发商所承担的各项费用则从 C_{Fee} 下降到 C'_{Fee}。即，房地产税改革后影响房地产企业供给的因素为预期房地产收益、土地价格、开发期费用和企业在保有期间承担的整体租税水平 $\sum R_a + (\sum T_w - \sum T_f)$ 。

在计量经济学中通常采用向量自回归（VAR）模型来分析经济系统中多个

变量间的动态影响关系。因此，根据前述分析，构建房地产企业供给量、土地价格、房地产税、开发期费用的 VAR 模型：

$$S_i = \sum_{i=1}^{n} \alpha_{1i} E(I_{t-i}) + \sum_{i=1}^{n} \alpha_{2i} C_{Landt-i} + \sum_{i=n}^{n} \alpha_{3i} C_{taxt-i} + \sum_{i=1}^{n} \alpha_{4i} C_{othert-i} + \varepsilon_i \tag{6.6}$$

公式中 n 是滞后阶数，ε_i 是误差向量。

6.1.3 实证模拟检验

6.1.3.1 房地产企业盈利能力的检验

（1）研究思路

为了分别检验三种房地产税合并征收方案下房地产企业的盈利情况，仍旧借鉴巴曙松、刘孝红、尹煜（2011）等在关于房地产税对房地产企业影响研究中的思路与方法。首先，明确样本公司的销售收入和各地业务权重。其次，计算出样本公司在房地产税变动时的销售价格变动情况。最后，再利用样本公司销售价格的变动幅度推算出房地产公司业绩的变化程度。

（2）样本数据选取

在目前中国沪深股市 133 家房地产上市公司中，选取万科、招商地产、保利地产三家企业作为研究样本。这是因为万科是房地产行业的龙头老大，是我国民营房地产企业的杰出代表，而招商地产和保利地产则是央企在房地产企业的杰出代表，在 2013 年中国房地产上市公司 TOP10 榜单中无论是在公司综合实力、公司财富创造能力还是公司财务稳健性的评比中，这三家企业均名列前茅。[1]

根据上述三家公司所披露的 2013 年年度报告中公司房地产销售收入与公司业务分布等指标确立了各公司各地区房地产业务的权重，分别用 α_1，α_2 和 α_3 来表示，见表 6.1。2013 年万科的销售业绩达 1327.9 亿元，按公司投资区域划分，其中广深区域占 33.55%，上海区域占 21.05%，北京区域占 25.63%，成都区域占 19.77%。可见，万科东部业务权重约占 0.8，中部和西部分别约占 0.01 和 0.19。招商地产 2013 年房地产销售业绩为 302.07 亿元，主要业务里东部环渤海地区、长三角地区、珠三角地区总共约占 97%。保利地产 2013 年实现营

[1] http://fdc.fang.com/news/zt/201304/2013ssqd.html

业收入923.56亿元，按公司主营业务分地区情况显示，在东部地区房地产业务收入占总收入约为53%，中部地区为23%，西部地区为24%。

表6.1　　房地产公司2013年业绩及各地的业务权重

公　司	销售业绩（亿元）	东部业务权重（a_1）	中部业务权重（a_2）	西部业务权重（a_3）
万科	1327.90	0.80	0.01	0.19
招商地产	302.07	0.97	0.01	0.02
保利地产	923.56	0.53	0.23	0.24

资料来源：作者根据相关资料整理所得

（3）研究结果

根据巴曙松、刘孝红、尹煜（2011）对房地产税变动对全国以及东、中、西部地区房地产价格影响的研究结果（如表6.2），结合上述各房地产企业在全国各地业务分布权重，按公式6.7计算出房地产公司所对应的房地产价格变动系数。

表6.2　　各地房地产价格变动情况　　单位：%

税负变动比例	方案1				方案2				方案3			
	全国	东部	中部	西部	全国	东部	中部	西部	全国	东部	中部	西部
0.5	-2.40	-3.09	-5.09	-4.09	-2.01	-7.09	-5.09	-3.09	-6.35	-7.64	-7.82	-4.34
1	-4.79	-6.18	-10.18	-8.18	-4.02	-14.18	-11.95	-6.19	-12.7	-15.27	-15.64	-8.67
1.5	-7.19	-9.27	-15.27	-12.27	-6.03	-21.27	-17.93	-9.28	-19.05	-22.91	-23.46	-13.01

资料来源：巴曙松、刘孝红、尹煜，物业税改革对房地产市场的影响研究[M]，北京：首都经济贸易大学出版社，2011.

$$\text{房地产价格变动系数} = \text{东部房地产价格变动比例} \times \alpha_1 + \text{中部房地产价格变动比例} \times \alpha_2 + \text{西部房地产价格变动比例} \times \alpha_3 \quad (6.7)$$

从房地产公司房价变动情况表6.3中可以看出，随着房地产税合并征收范围的逐步扩大，房地产税对企业房价的负向影响也逐步增加。以万科为例，房地产税负每增加1%，方案1中东中西加权房价将下降6.6%，方案2中东中西加权房价将下降12.64%，方案3中东中西加权房价将下降14.02%。

表6.3　房地产公司房价变动情况　单位：%

	税负变动比例	万科		招商地产		保利地产	
		全国	东中西加权	全国	东中西加权	全国	东中西加权
方案1	0.5	−2.40	−3.30	−2.40	−3.13	−2.40	−3.79
	1	−4.79	−6.60	−4.79	−6.26	−4.79	−7.58
	1.5	−7.19	−9.900	−7.19	−9.39	−7.19	−11.37
	税负变动比例	万科		招商地产		保利地产	
		全国	东中西加权	全国	东中西加权	全国	东中西加权
方案2	0.5	−2.01	−6.31	−2.01	−6.99	−2.01	−5.67
	1	−4.02	−12.64	−4.02	−14.00	−4.02	−11.75
	1.5	−6.03	−18.96	−6.03	−21.00	−6.03	−17.62
	税负变动比例	万科		招商地产		保利地产	
		全国	东中西加权	全国	东中西加权	全国	东中西加权
方案3	0.5	−6.35	−7.01	−6.35	−7.58	−6.35	−6.89
	1	−12.70	−14.02	−12.70	−15.14	−12.70	−13.77
	1.5	−19.05	−21.03	−19.05	−22.92	−19.05	−20.66

继续将房地产企业的销售业绩与对应方案下房价的变动比例相乘，便可以得出对应情况下最终房地产企业的销售业绩的变动情况。结果如表6.4所示，无论何种方案对这三个企业2013年度的销售业绩均带来明显的负面影响。同样以万科为例，在2013年全年房地产销售收入为1327.9亿元的总额下，按方案1进行的房地产税征收，房地产税负每增长1%，在全国房价同比减少4.79%的情况下，企业销售收入也将减少63.61亿元。按方案2进行的房地产税征

收，房地产税负每增长 1%，全国房价同比减少 4.02%，企业销售收入也将减少 53.38 亿元。而方案 3 进行的房地产税征收，房地产税负每增长 1%，全国房价下降 12.7%，企业销售收入最终缩减达 168.64 亿元。可见，从方案 1 到方案 3，对房地产企业业绩影响最大的是方案 3，随后是方案 1 和方案 2。这可能是相比方案 1，方案 2 涉及的税收调整范围更广，更有利于企业降低经营成本的缘故。

表 6.4　　房地产税税负变动时房地产公司销售业绩影响　　单位：亿元

	税负变动比例	万科		招商地产		保利地产	
		全国	东中西加权	全国	东中西加权	全国	东中西加权
方案1	0.5	−31.87	−43.82	−7.25	−9.45	−22.17	−35.00
	1	−63.61	−87.64	−14.47	−18.91	−44.24	−70.01
	1.5	−95.48	−131.46	−21.72	−28.36	−66.40	−105.01
	税负变动比例	万科		招商地产		保利地产	
		全国	东中西加权	全国	东中西加权	全国	东中西加权
方案2	0.5	−26.69	−83.79	−6.07	−21.11	−18.56	−52.37
	1	−53.38	−167.84	−12.14	−42.28	−37.13	−108.51
	1.5	−80.07	−251.75	−18.21	−63.43	−55.69	−162.77
	税负变动比例	万科		招商地产		保利地产	
		全国	东中西加权	全国	东招商地产中西加权	全国	东中西加权
方案3	0.5	−84.32	−93.15	−19.18	−22.88	−58.65	−63.63
	1	−168.64	−186.17	−38.36	−45.74	−117.29	−127.18
	1.5	−252.96	−279.32	−57.54	−69.23	−175.94	−190.81

6.1.3.2 关于房地产企业供给能力的检验

（1）数据选取

在一般企业生产函数中，影响企业产出的主要是包含物质资本和人力资本在内的资本投入。对于房地产企业来讲，其物质资本投入主要是土地购置费，而人力资本主要是房地产企业人员工资。因此，这里选取土地购置费（X_3）来表示土地价格。一般来讲，土地购置费包括了土地出让金、征地补偿费、拆迁补偿费及其他熟地费用，如三通一平、基本市政建设费等。其中，土地出让金占到了土地地价的10%-60%左右。在后续房地产税合并方案3中，因包括了部分土地出让金，因此该方案中的土地购置费只按60%来计算。选取房地产企业房屋竣工面积（Y）表示房地产企业的供给量，商品房销售额（X_1）来代替房地产销售额，房地产企业人员工资（X_2）来代表模型中的其他成本变量。房地产税同前面数据，方案1到方案3，分别用X_4，X_5，X_6表示。受数据获得限制，本节样本期选择是2003-2012年，均来自历年《中国统计年鉴》。

（2）研究方法

采用多变量自回归模型（VAR）探讨房地产税合并征收的改革变动对房地产企业生产供给的动态影响趋势。研究步骤分为：一，检验研究变量们能否构建均衡关系。这里首先是从各研究数据的趋势分析出发，进行了平稳性的检验后，再利用Johansen协整检验方法进行。二，在第一步检验结果显示具有协整关系的基础上，检验变量们的动态联系情况。这里采用的是脉冲响应函数和方差分解方法。

（3）研究结果

a.数据趋势分析

从图6.3可以看出：在2003-2012年间，各数据整体上均具有相似的逐渐上升的发展趋势。

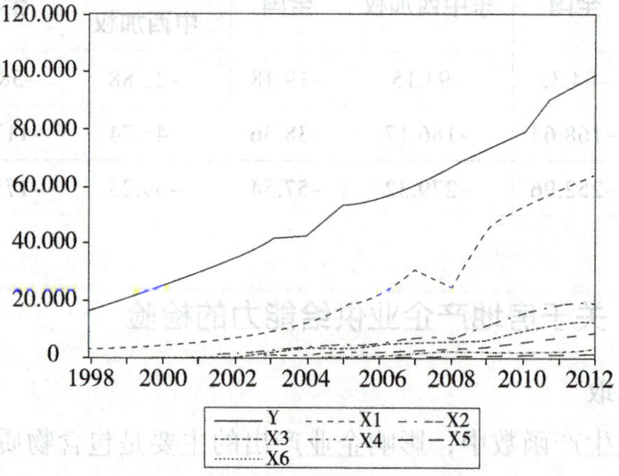

图6.3　各变量发展趋势

b. 平稳性检验

为消除波动差异，各数据取对数后变化趋势如图 6.4 可见，各数列仍具有明显的上升增长趋势，都是带有趋势的非平稳数列。

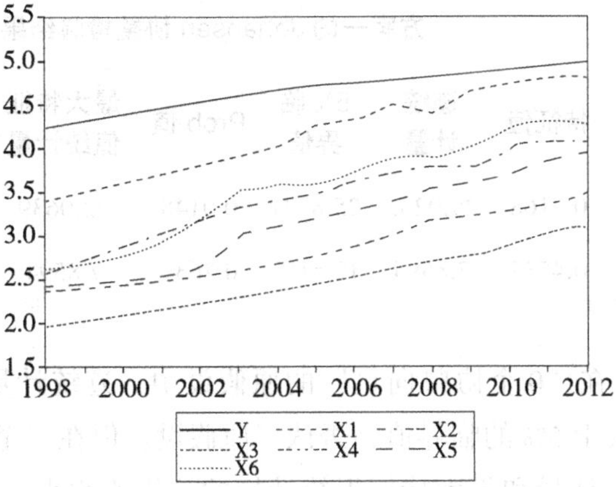

图 6.4　各变量取对数后变化趋势

采用 ADF 单位根检验变量的平稳性。ADF 单位根检验结果（表 6.5）显示：原数据呈现非平稳状态，为实现平稳采用一阶差分变换形式，最终达到平稳。这说明，各序列均是 I（1）序列，满足建立协整方程要求。

表 6.5　　ADF 单位根检验结果

变量	结论	变量（d）	ADF 检验值	P 值	检验形式(c, t, k)	结论
LOGY	不平稳	LOGY（1）	−5.905539*	0.0023	（c，0，1）	平稳
LOGX1	不平稳	LOGX1（1）	−4.094455**	0.0184	（c，0，1）	平稳
LOGX2	不平稳	LOGX2（1）	−4.527293**	0.0477	（c，t，1）	平稳
LOGX3	不平稳	LOGX3（1）	−4.580396**	0.0128	（c，0，1）	平稳
LOGX4	不平稳	LOGX4（1）	−2.666174*	0.0171	（0，0，2）	平稳
LOGX5	不平稳	LOGX5（1）	−4.880519**	0.0092	（c，0，1）	平稳
LOGX6	不平稳	LOGX6（1）	−3.562782**	0.0413	（c，0，1）	平稳

注：（1）c 为常数项，t 为趋势项，k 为滞后阶数，0 表示无影响；（2）d 代表变量的差分阶数；（3）* 表示 1% 显著水平下的临界值，** 表示 5% 显著水平下的临界值。

c. 协整检验

采用 LR 值、FPE 值、AIC 值、SC 值、HQ 值确定 VAR 模型的最优滞后阶数为 1。然后采用 Johansen 协整检验，结果如表 6.6.

表 6.6　　方案一的 Johansen 协整检验结果

原假设	特征值	迹统计量	5% 临界值	Prob 值	最大特征值统计量	5% 临界值	Prob 值
0 个协整向量	0.8168	29.9233	25.8721	0.0148	22.0639	19.3870	0.0199
至少 1 个协整向量	0.4537	7.8594	12.5180	0.2634	7.8594	12.5180	0.2634

表 6.6 显示，在“0 个协整向量”的原假设中，迹统计量和最大特征根统计量的分析值均大于 5% 的临界值，否认了原假设。但在“至少 1 个协整向量”的原假设中，迹统计量和最大特征根统计量的分析值均小于 5% 的临界值，肯定了该假设。因此，在方案 1 中房地产企业供给与其他变量间长期稳定的均衡关系是成立的。

表 6.7　　方案二的 Johansen 协整检验结果

原假设	特征值	迹统计量	5% 临界值	Prob 值	最大特征值统计量	5% 临界值	Prob 值
0 个协整向量	0.8527	25.6578	15.4947	0.0011	22.9831	14.2646	0.0017
至少 1 个协整向量	0.1998	2.6748	3.8415	0.1019	2.6748	3.8415	0.1019

表 6.7 显示，在“0 个协整向量”的原假设中，迹统计量和最大特征根统计量的分析值均大于 5% 的临界值，也否认了原假设。但在“至少 1 个协整向量”的原假设中，迹统计量和最大特征根统计量的分析值均小于 5% 的临界值，也肯定了该假设。因此，在方案 2 中房地产企业供给与其他变量间长期稳定的均衡关系是成立的。

表 6.8　　方案三的 Johansen 协整检验结果

原假设	特征值	迹统计量	5% 临界值	Prob 值	最大特征值统计量	5% 临界值	Prob 值
0 个协整向量	0.7163	25.1623	15.4947	0.0013	16.3760	14.2646	0.0228
至少 1 个协整向量	0.4913	8.7863	3.8415	0.0030	8.7863	3.8415	0.0030

同上，表 6.8 显示，在“0 个协整向量”与“至少 1 个协整向量”的原假设中，迹统计量和最大特征根统计量的分析值均大于 5% 的临界值，否认了原假设。这说明变量间至少具有二阶协整关系。因此，方案 3 中房地产企业供给与其他变量间长期稳定的均衡关系仍旧成立。

d. 脉冲响应与方差分解分析

当内生变量遭遇误差后会有怎样的情况发生呢？当扰动项上遇上一个标准差般的变动后，内生变量又会在即期与未来做出什么变化呢？对于这些影响，通常会采用脉冲响应函数来进行分析。对于内生变量所受到的一个新息变化的影响程度则用方差分解进行分析。二者共同构成了对 VAR 模型结果的解释。上述分析表明了在不同的变量间存在协整关系，因此继续通过观察反映变量间动态关系的脉冲响应函数图和方差分解分析，以此来讨论不同的房地产税合并方案给房屋竣工面积带来的影响。图 6.5 到图 6.7，分别给出了方案 1、方案 2、方案 3 和房屋竣工面积间的脉冲响应函数情况。

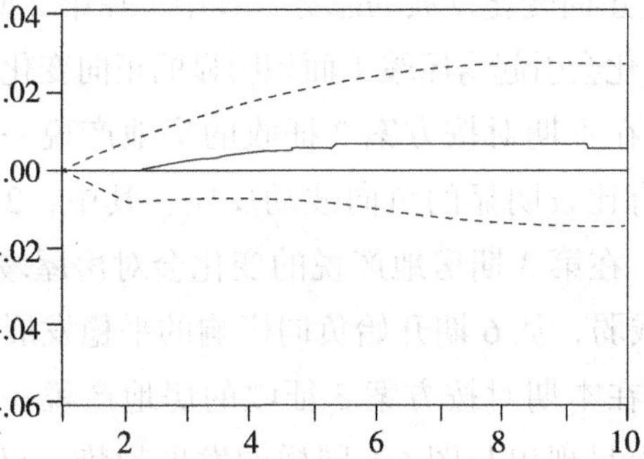

图 6.5　方案一中房地产税的波动对房地产企业供给波动的响应

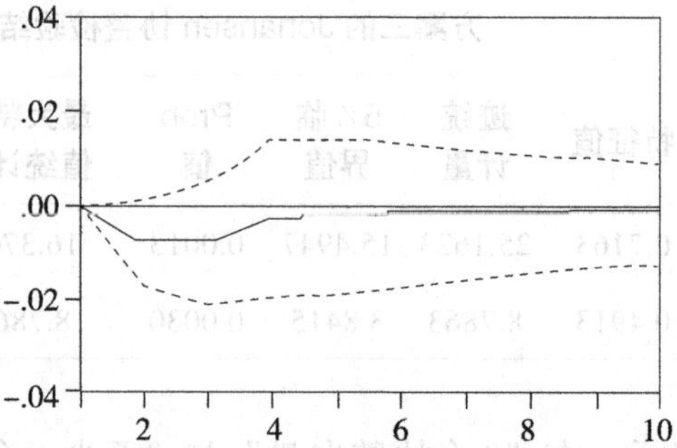

图 6.6　方案二中房地产税的波动对房地产企业供给波动的响应

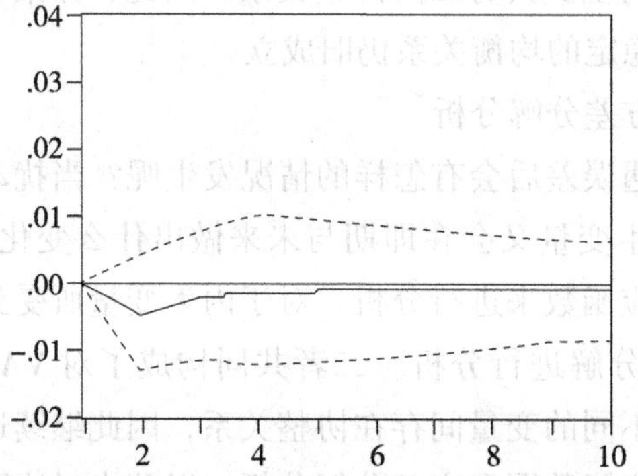

图 6.7　方案三中房地产税的波动对房地产企业供给波动的响应

图 6.5 表明，当在本期对按方案 1 征收的房地产税一个正冲击后，房屋竣工面积呈现出逐步向上正向变化发展的态势。其中，在第 2 期反应较弱，从第 3 期开始，房地产税的变化会引起房屋竣工面积明显的正向变化，在 6 期后趋于平稳。

比较图 6.6，当在本期对按方案 2 征收的房地产税一个正冲击后，房屋竣工面积在前 4 期具有比较明显的负向波动反应。其中，2 期与 3 期之间存在一个相对平稳的反应，在第 3 期房地产税的变化会对房屋竣工面积的负向冲击最大。此后负向冲击减弱，从 6 期开始负向影响的平稳发展态势。

再看图 6.7，当在本期对按方案 3 征收的房地产税一个正冲击后，房屋竣工面积的反应整体上呈现出与图 6.6 同样的发展趋势，仍然具有比较明显的负向波动反应。但随后第 2 期，房地产税对房屋竣工面积的出现最大负向冲击后逐渐上行，2、3 期间缺乏明显的平缓过渡，从 5 期开始负向影响才出现平稳发展态势。

方差分析（表 6.9）显示，按方案 1 征收的房地产税对房屋竣工面积变动产生了较大的影响。虽然在前两期这种影响作用并不显著，但是从第 1 期到第 10 期，这种影响逐渐递增，并最终在第 10 期房地产税对房屋竣工面积波动的贡献率达到近 10%。

表 6.9　　方案一中房地产企业供给波动项的方差分解

Period	S.E.	Y	X1	X2	X3	X4
1	0.0192	100	0	0	0	0
2	0.0249	74.5994	0.1925	11.5360	13.6020	0.0698
3	0.0299	71.8564	7.3541	8.1277	11.5712	1.0905
4	0.0341	69.2624	9.8022	7.3255	10.6110	2.9987
5	0.0386	65.7808	11.8630	8.1678	9.3241	4.8641
6	0.0428	62.6013	13.0858	9.7195	8.2238	6.3694
7	0.0468	59.9703	13.7786	11.4465	7.3423	7.4623
8	0.0504	57.8975	14.1288	13.1059	6.6551	8.2125
9	0.0536	56.2994	14.2655	14.6060	6.1236	8.7053
10	0.0563	55.0789	14.2718	15.9239	5.7124	9.0127

比较表 6.10，按方案 2 征收的房地产税对房屋竣工面积的影响变现为当期的影响并未显著，随后第 2 期就快速达到 11.1532% 的贡献率，第 3 期影响作用达到最大值 12.5155%，而后这种影响开始逐渐减弱，到最后第 10 期贡献率为 7.4473%。

表 6.10　　方案二中房地产企业供给波动项的方差分解

Period	S.E.	Y	X1	X2	X3	X5
1	0.0161	100	0	0	0	0
2	0.0242	51.9347	9.2002	8.0631	19.6487	11.1532
3	0.0323	49.7719	20.1355	4.7481	12.8287	12.5155

续表

Period	S.E.	Y	X1	X2	X3	X5
4	0.0359	50.3036	22.0646	4.5181	12.1871	10.9265
5	0.0387	50.4610	23.1511	4.4880	12.0501	9.8495
6	0.0412	50.7592	23.8756	4.4079	11.8853	9.0718
7	0.0432	51.0639	24.3258	4.3393	11.7797	8.4911
8	0.0450	51.3495	24.6224	4.2729	11.7027	8.0522
9	0.0465	51.6161	24.8218	4.2081	11.6402	7.7135
10	0.0478	51.8603	24.9559	4.1472	11.5891	7.4473

再看表 6.11，按方案 3 征收的房地产税对房屋竣工面积增加的贡献率体现出与表 6.10 大致相当的变化特征。在当期房地产税对房屋竣工面积的影响不显著，但随后第 2 期影响迅速达到最高贡献率 3.6550%，此后贡献作用逐步缓慢下降，到 10 期贡献率仅为 1.6914%。

表 6.11　　方案三中房地产企业供给波动项的方差分解

Period	S.E.	Y	X1	X2	X3	X6
1	0.0179	100	0	0	0	0
2	0.0244	69.2881	0.0300	8.84782	18.1789	3.6550
3	0.0311	61.2561	17.4366	5.6438	13.0003	2.6632
4	0.0349	59.9871	20.1792	5.0939	12.4271	2.3128
5	0.0380	59.3248	21.8165	4.7005	12.0643	2.0939
6	0.0406	58.9905	22.8489	4.3962	11.8147	1.9496
7	0.0428	58.8271	23.5360	4.1516	11.6344	1.8509
8	0.0447	58.7571	24.0173	3.9494	11.4953	1.7808
9	0.04622	58.7408	24.3639	3.7807	11.3849	1.7296
10	0.0475	58.7554	24.6185	3.6392	11.2954	1.6914

以上脉冲响应与方差分解分析表明，具体实施的房地产税改革方案不同，对房地产企业供给的影响也可能不一致。即，房地产企业供给受房地产税改革的影响不能简单地归为正向或负向，这与影响供给的因素复杂多样有关。但可以肯定的是，房地产税合并征收会在短期内对房地产企业带来比较明显的影响，随着时间的推移，这种影响将逐渐减弱并趋于平稳。

6.1.4　小结

第一，本节选取了三个典型房地产企业，分别从全国和地区的角度考察了房地产税合并征收对典型房地产企业的经营业绩所带来的影响。研究发现：无论何种方案和税基，房地产税的合并征收均会给不同的房地产企业业绩带来的不同程度显著的负面影响。对比三个房地产税合并征收方案，如不考虑土地出让金，逐步扩大房地产税合并征收范围的方案，并非会大幅缩减房地产企业经营业绩，但如考虑土地出让金，则会使企业经营业绩出现最大的负增长。

第二，本节通过构建 VAR 计量模型，从房地产企业的产品供给角度分析了房地产税合并征收的不同政策对企业生产的影响。研究表明：房地产企业供给受房地产税合并征收的影响并非一致，但短期影响较明显，长期影响则不显著。利用房地产税合并征收的方式对房地产企业的生产行为进行调节在短期内是有效的，长期调控效果则不佳。

»6.2　房地产税与地方政府

国际上，房地产税一般是作为一种地方税，是地方政府长期、稳定的财源之一。现有对房地产税的研究文献表明，房地产税改革将有利于解决当前我国土地出让制度以及房地产税制的弊端，但改革的实施需要地方政府的支持和配合。在此前提下，房地产税改革能否顺利推行必须考虑地方政府两方面的顾虑：第一，房地产税改革是否会导致地方公共财政出现大幅缺口？第二，改革后房地产税能否作为地方政府的主体税种？本节将运用面板数据计量模型，估计和预测房地产税征收对地方财政收入、支出以及地方财政收支缺口的影响，进而消除地方政府推行房地产税改革的顾虑，并从财政收支稳定的角度论述房地产税合并开征方案的选择。

6.2.1 房地产税对地方财政收支影响的传导分析

按照前述第四章相关房地产税的溢价回收功能与地方财政收入功能的分析，房地产税的溢价回收功能实质上是地方政府参与房地产溢价分享的一种形式。房地产税财政收入的功能主要体现在地方政府中。地方政府正是以此为基础，为履行其职能、实施公共政策和提供公共物品与服务，将房地产税收作为其筹集资金的重要方式，随后将包括房地产税在内的所筹资金以财政支出的形式再分配运用到地方各项建设中。

从对地方财政收入的影响看，税收基础与税收率将共同影响到征收金额的多寡。此外，毫无疑问，进行房地产税改革必将给地方收入带来冲击。所受冲击的效果是正向还是负向的，其程度到底怎样，这还取决于房地产税改革的深浅程度以及对有关税收、市场和地方财政在结构上的调整情况。目前，单一地认为房地产税改革会增加或减少地方财政收入的结论并不准确和全面。

从对地方财政支出的影响看，地方公共财政支出与当地房地产市场之间关系密切。地方财政支出往往在地区基础设施、公共设施等方面扮演了主要投资者的角色。地方政府通过加大对基础设施、公共设施等公共品的建设投资，进一步改善了地区社会、经济和生活等各方面的环境，反而让房地产因外部经济性的影响增加自身价值，实现房地产税征收的增加。反之，如果地区基础设施，公共设施等公共品缺乏，则会恶化房地产所处环境，房地产因外部不经济带来贬值，连累到房地产税收的征收。可以说，房地产税增加受到地方财政支出增加的积极影响，两者呈现正向的关联性。如果房地产税改革影响到对房地产的投资和投机，进而影响到房地产市场的增长，这也会影响到地方财政支出。并且，不同的房地产税改革方案对房地产的开发、交易和保有成本的影响各不一样，对房地产市场产生的影响也各不相同。

最后再来看上述地方财政在收入与支出两方面，即财政收入缺口的变化情况。通常，财政收支缺口是等于财政支出与财政收入的差额，其差额可以是正数也可为负数，即被称之为顺差与逆差。前述分析表明，房地产税对地方财政收入的影响，反应在税收基础与税收率两方面，所受冲击的效果具有双面性，其影响并不单一。而房地产税对地方财政支出方面则更多是正向影响。因此，地方财政收入与支出两方面的净效应，往往会最终决定财政收支缺口的正负变化，而房地产税征收方案的差异则会对净效应带来不同的变化结果。如经过房地产税调整后，地方财政收支可能出现顺差，即提高了地方财政收入，降低了地方财政支出。如经过房地产税调整后，地方财政收入与支出同时下降，且地方财政收入下降幅度小于了地方财政支出的下降率，其结果仍会导致地方财政收支顺差的出现，则房地产税改革依然可以降低地方财政收支缺口，减轻财政收支的压力。

6.2.2　基本模型

财政收入是政府为履行其职能、实施公共政策和提供公共物品与服务需要而筹集的一切资金的总和。国外实践表明，房地产税已成为地方财政收入的主要来源。而财政支出主要源于财政收入，其最大用途就是为社会提供公共物品。影响地方财政收入的因素很多，如张振强（2009）利用向前逐步回归法，得出总投资、净出口、社会商品零售总额对地方财政收入有显著的影响。许林（2010）以重庆市为例，从不同角度实证分析了宏观经济水平直接影响着地方财政收入的规模；总消费和总投资对地方财政收入有着明显的推动作用。而投资是推动经济发展的原动力，由于财政收入来源于经济，而投资对经济又起到决定性作用。可见，地方财政支出主要源于地方财政收入，而地方财政收入除主要源于各项税收外，还受到地方经济中诸如投资、消费等因素制约，为了避免过多变量出现多重线性问题，这里仅选取了房地产税（Tax）作为解释变量，固定资产投资（Inv）和社会消费品零售总额（Rsc）作为控制变量，分别代表投资与消费两大因素。然后借鉴杜雪君（2009）、巴曙松（2011）等学者关于房地产税对房地产价格影响的研究思路与结果，建立面板数据模型。为消除数据差异，各变量均取对数形式。

$$LnPR_{it}=\alpha_0+\alpha_1 LnTax_{it}+\alpha_2 LnInv_{it}+\alpha_3 LnRsc_{it}+\mu_{it} \tag{6.7}$$

$$LnPE_{it}=\beta_0+\beta_1 LnTax_{it}+\beta_2 LnInv_{it}+\beta_3 LnRsc_{it}+\mu_{it} \tag{6.8}$$

式中：i=1，2，…，30，t=1，2，…，11，u 为随机误差。PR 为地方财政收入；PE 为地方财政支出。a_0，a_1，a_2，a_3；β_0，β_1，β_2，β_3 是常数，为各变量的影响系数。

6.2.3 实证模拟检验

6.2.3.1 研究数据与思路

本节拟在全国以及东部、中部、西部区域内，考察不同房地产税合并征收方案下房地产税对地方财政收入、地方财政支出乃至地方财政收支缺口的影响。同前，本节使用的数据仍是除西藏外中国30个省（自治区、直辖市）2001～2012年的截面数据，所有数据均来源于历年《中国统计年鉴》。

6.2.3.2 基于全国地区的分析

基于自变量系数所反映的样本整体性效应，模型主要考虑混合估计模型、固定效应模型，随机效应模型三种面板数据回归方式，对此分别采用F检验、个体效应的布罗施－帕甘（B-P）检验、豪斯曼（Haunsman）检验，进行模型筛选与检验。结果（表6.10）显示选择固定效应模型。理论上面板数据样本来自小母体时，宜采用固定效应模型，反之应采用随机效应模型。文章以30个省市代替全国作为研究对象，属于前述小母体情况。理论与检验结果均适合采用固定效应，因此，最终模型采用固定效应形式。

表6.10　模型筛选与检验结果

	检验内容	检验方法	原假设	检验结果
财政收入影响模型	混合回归还是随机效应	Breusch-Pagan LM检验	不存在个体随机效应，误差独立分布，$H_0：\sigma^2\gamma=0$	Chi-Sq Statistic=567.6059 prob=0.0000，拒绝原假设选择随机效应
	混合回归还是固定效应	F检验	个体效应显著下，$H_0：\gamma_1=\gamma_2=....=\gamma_n=0$	$F=17.9857>F_{0.05}$（29.294）=1.5062，拒绝原假设选择固定效应
	随机效应还是固定效应	Haunsman检验	随机效应成立，个体效应和解释变量无关	Chi-Sq Statistic=43.9265 prob=0.0000，拒绝原假设选择固定效应

续表

	检验内容	检验方法	原假设	检验结果
财政支出影响模型	混合回归还是随机效应	Breusch-Pagan LM 检验	不存在个体随机效应，误差独立分布，H_0：$\sigma^2\gamma=0$	Chi-Sq Statistic=579.1903 prob=0.0000，拒绝原假设选择随机效应
	混合回归还是固定效应	F 检验	个体效应显著下，H_0：$\gamma_1=\gamma_2=....=\gamma_n=0$	F=16.0863>$F_{0.05}$（29.294）=1.5062，拒绝原假设选择固定效应
	随机效应还是固定效应	Haunsman 检验	随机效应成立，个体效应和解释变量无关	Chi-Sq Statistic=41.9875 prob=0.0000，拒绝原假设选择固定效应

为避免估计偏差，还需进一步考虑固定效应中分别在时间维度上、横截面之间的相关性，以及群组间的异方差情况，对其残差进行检验（如表 6.11）。时间维度上的自相关（即组内相关）检验采用伍德里奇序列检验（Wooldridge test），因面板数据 N 大 T 小，横截面间的相关性检验常采用 Pesaran 检验，而群组间的异方差（即面板异方差）则采用修正的沃尔德 F 检验（Modified Wald test）。

表 6.11　　模型异方差及相关性检验结果

	检验内容	检验方法	原假设	检验结果
财政收入影响模型	组内相关性	伍德里奇序列检验（Wooldridge test）	无一阶自相关	Chi-Square=14.8970 prob=0.0001 拒绝原假设，存在序列相关
	横截面相关性	Pesaran 检验	截面间的相关系数为 0	F（1，29）=4.1830，prob> F=0.0000 拒绝原假设，存在截面相关
	面板异方差	修正的沃尔德 F 检验（Modified Wald test）	面板同方差	Chi-Square=15.8921 prob=0.0001 拒绝原假设，存在异方差

续表

	检验内容	检验方法	原假设	检验结果
财政支出影响模型	组内相关性	伍德里奇序列检验（Wooldridge test）	无一阶自相关	Chi-Square=13.6750 prob=0.0000 拒绝原假设，存在序列相关
	横截面相关性	Pesaran 检验	截面间的相关系数为 0	F（1，29）=4.1830，prob>F=0.0000 拒绝原假设，存在截面相关
	面板异方差	修正的沃尔德 F 检验（Modified Wald test）	面板同方差	Chi-Square=16.3196 prob=0.0001 拒绝原假设，存在异方差

从表 6.11 得知有异方差及自相关问题，运用可行广义最小二乘法估计（FGLS）纠正，从全国看，不同房地产税合并征收方案分别对地方政府财政收入与支出的影响，其结果如表 6.12，6.13 所示。

表 6.12　　房地产税合并征收对地方财政收入影响

解释变量	方案 1		方案 2		方案 3	
	系数	t 统计值	系数	t 统计值	系数	t 统计值
C	6.4731	220.2211	6.5258	320.0880	6.5569	349.7620
LnTax	-0.0348	-3.1617	-0.0267	-7.0783	0.0307	7.9715
LnInv	0.3598	31.8523	0.4049	34.7456	0.4971	35.8621
LnRsc	0.5986	47.7785	0.6317	52.1185	0.7397	54.0845
R-squared	0.7454		0.7483		0.7591	
Adjusted R-squared	0.7192		0.7159		0.7205	
F 值	130.0752		130.9741		131.6829	
D.W	2.1821		2.6938		2.8996	

表 6.13　　房地产税合并征收对地方财政支出影响

解释变量	方案 1		方案 2		方案 3	
	系数	t 统计值	系数	t 统计值	系数	t 统计值
C	6.5593	206.0773	7.0863	277.273	8.0381	280.3329
LnTax	-0.0852	-7.7963	-0.1138	-5.0899	0.1939	4.0899
LnInv	0.3172	31.6590	0.4850	37.0331	1.1398	92.5828
LnRsc	0.5836	46.8988	0.6735	55.5496	1.7097	160.3851
R-squared	0.7803		0.7869		0.7930	
Adjusted R-squared	0.7681		0.7750		0.7865	
F 值	133.9821		140.7301		142.6046	
D.W	2.9946		3.1998		4.0003	

可见，各方案在 5% 的水平上的模型拟合度较好，均在 70% 以上。据估计系数，方案中各变量与财政收入与支出的关联性变化最显著是社会消费总额，其次是投资，最后才是房地产税。这说明，增加地方财政可以不局限于提高税率或增加税种，若地方经济发展形势良好，经济总量持续扩大，财政规模也会随之扩大。无论何种方案，模型中房地产税的税收弹性系数都是负数，说明地方财政的收入和支出两方面都会受到房地产税合并征收税负明显的反向作用。以表 6.12，6.13 中的方案 1 为例，房地产税合并征收对地方财政收入影响的系数为 -0.0348，说明房地产税税负每增长 1 个百分点，地方财政收入就减少 3.48 个百分点。房地产税合并征收对地方财政支出影响的系数为 -0.0852，说明房地产税税负每增长 1 个百分点，将导致地方财政支出减少 8.52 个百分点。根据公式 6.9 继续分析征收房地产税合并征收对财政收支缺口变动的影响，得出表 6.14。

$$\text{财政收支缺口变动比率} = \text{地方财政支出变动比率} - \text{地方财政收入变动比率} \quad (6.9)$$

表 6.14　　财政收支缺口变动比率

	地方财政收入变动比率	地方财政支出变动比率	财政收支缺口变动比率
方案 1	–0.0348	–0.0852	–0.0504
方案 2	–0.0267	–0.1138	–0.0871
方案 3	0.0307	0.1939	0.1632

由表 6.14 可知，方案 1 中地方财政收支缺口会因房地产税税负每提高 1%，而随之减少 5.04%，方案 2 中地方财政收支缺口会因房地产税税负每提高 1%，而随之减少 8.71%，到方案 3 中该结果却反向扩大到 16.32%。从方案 1 到方案 2，虽然地方财政收支都受到了房地产税带来的反作用冲击，但地方财政支出受到的冲击更为强烈，因而地方财政收支的缺口呈现反方向变化，并且随着税收合并范围的扩大，征税范围从房地产保有环节扩展到房地产开发、交易等有关环节，地方财政收支缺口会进一步缩小。但在方案 3 中土地出让金由一次性征收改为按年分摊，虽然财政收入会因房地产税税收中包含了部分土地出让金而上升，但却因地方财政支出增长的幅度更大反而在一定程度上出现了财政收支缺口的增大。这显示，在目前我国的分税制和地方政府过度依赖土地财政的情况下，按方案 3 征收房地产税在短期内将对地方财政带来较大的负面影响，地方政府反对方案 3 也就不足为奇了。

6.2.3.3 基于东、中、西部地区的分析

以上实证模拟从全国范围整体上检验房地产合并征收对地方政府财政收入和支出影响，而我国的地方经济和财政，以及房地产市场的地区性差异大，那么房地产税合并征收是否会对区域地方政府财政造成影响，其差异情况又如何。本文继续采用前述研究方法分别从东部、中部、西部三区域对比研究房地产税合并征收的差异影响情况。

表 6.15　房地产税合并征收对地方财政收入的区域影响

	解释变量	东部		中部		西部	
		系数	t 统计值	系数	t 统计值	系数	t 统计值
方案 1	C	6.2129	144.1760	6.6257	140.767	6.5447	105.106
	LnTax	-0.0792	-2.4982	-0.0092	-4.7000	-0.0356	-1.746
	LnInv	1.1400	46.1906	1.0387	46.5081	1.0873	46.5365
	LnRsc	0.8653	60.5632	0.8862	61.4391	0.8947	62.6961
	R-squared	0.7613		0.7684		0.7986	
	Adjusted R-squared	0.7353		0.7548		0.7865	
	F 值	134.5790		135.8521		137.9649	
	D.W	2.2674		2.5342		2.9753	
方案 2	C	6.6137	187.1760	6.2806	178.7679	6.6347	188.1061
	LnTax	0.0083	2.3981	-0.1092	-4.7006	-0.0076	-2.366
	LnInv	1.1379	46.2506	1.0587	46.5083	1.1273	55.5365
	LnRsc	0.8934	60.9751	0.9651	62.9437	0.9892	63.9810
	R-squared	0.7313		0.7314		0.7460	
	Adjusted R-squared	0.7232		0.7241		0.7359	
	F 值	132.6792		132.9862		133.8520	
	D.W	2.4521		2.5471		2.8401	
方案 3	C	6.6297	188.9060	6.7008	179.727	6.6347	188.106
	LnTax	-0.0681	-2.3982	-0.1592	-4.9742	-0.0011	-0.4367
	LnInv	1.1979	47.0956	1.0633	48.3731	1.1273	55.5365
	LnRsc	0.9740	61.8962	1.0131	63.8942	0.9974	64.0751
	R-squared	0.7915		0.7949		0.7819	
	Adjusted R-squared	0.7863		0.7856		0.7801	
	F 值	134.7782		133.8756		137.9858	
	D.W	2.8874		2.8674		3.0975	

表 6.16　房地产税合并征收对地方财政支出的区域影响

	解释变量	东部		中部		西部	
		系数	t 统计值	系数	t 统计值	系数	t 统计值
方案 1	C	6.7409	133.907	6.8229	124.4184	7.6794	21.979
	LnTax	-0.0857	-4.517	-0.1519	-7.4436	-0.0026	-68.7935
	LnInv	1.13999	46.1906	1.0653	39.1768	1.3875	38.0085
	LnRsc	1.07891	43.8649	1.003	39.0357	1.1769	37.0975
	R-squared	0.7904		0.7891		0.7943	
	Adjusted R-squared	0.7875		0.7830		0.7839	
	F 值	138.9050		137.9564		136.9735	
	D.W	2.38754		2.2671		2.25873	
方案 2	C	6.6709	164.907	6.9329	164.4134	7.7094	99.7935
	LnTax	-0.1317	-5.117	-0.2119	-6.9936	0.0116	2.285
	LnInv	1.119	63.1448	1.0853	38.1768	1.1475	24.879
	LnRsc	1.0862	44.9076	1.0789	39.4571	1.2359	38.0892
	R-squared	0.7903		0.7890		0.7429	
	Adjusted R-squared	0.7878		0.7811		0.7359	
	F 值	138.9050		138.6589		136.9854	
	D.W	2.4570		2.2985		2.1469	
方案 3	C	6.5001	164.907	7.2357	166.8970	7.7867	108.8973
	LnTax	-0.0737	-1.7805	-0.2089	-6.9975	0.0159	2.3986
	LnInv	1.4530	64.1687	1.9860	38.9858	1.1062	27.1431
	LnRsc	1.7864	45.0975	1.8764	38.9121	1.2090	28.0865
	R-squared	0.7957		0.7902		0.7746	
	Adjusted R-squared	0.7809		0.7865		0.7684	
	F 值	137.9760		139.7652		133.9808	
	D.W	2.37541		2.2980		2.0986	

结果如表 6.15，6.16 所示，在 5% 的水平上回归方程拟合情况好，均达到 77% 以上，解释变量能很好地解释被解释变量。与前述基于全国分析的结果对比，无论何种方案，东部与中部地区中房地产税合并征收的税负与地方财政收入与支出均呈现显著的负相关关系，而西部地区房地产税的税收弹性系数则在方案 2 和方案 3 的财政支出中表现为正相关。不同区域房地产税对财政收入的影响存在一定的差异，表现为中部 > 东部 > 西部。而房地产税对财政支出的影响也表现为中部 > 东部 > 西部。根据公式 6.9 继续分析不同地区房地产税合并征收对财政收支缺口变动的影响，得出表 6.17。

表 6.17　　　　房地产税税负对财政收支缺口影响对比

	东部			中部			西部		
	地方财政收入变动比率	地方财政支出变动比率	财政收支缺口变动比率	地方财政收入变动比率	地方财政支出变动比率	财政收支缺口变动比率	地方财政收入变动比率	地方财政支出变动比率	财政收支缺口变动比率
方案 1	-0.0792	-0.0857	-0.0065	-0.0092	-0.1519	-0.1427	-0.0356	-0.0026	0.0330
方案 2	0.0083	-0.1317	-0.1400	-0.1092	-0.2119	-0.1027	-0.0076	0.0116	0.0192
方案 3	-0.0681	-0.0737	-0.0056	-0.1592	-0.2089	-0.0497	-0.0011	0.0159	0.0170

表 6.17 显示，除西部地区财政收支缺口变动比率为正数外，东部和中部地区的财政收支缺口变动比率均为负数。这表明，房地产税合并征收有利于东部和中部地区财政收支缺口的缩小，但却会扩大西部地区财政收支缺口。采用全国统一的房地产税合并征收政策并不利于西部地区的经济和社会发展，对于西部较落后地区的房地产税的合并方案的制定，应在地区居民承担的税负范围内，努力降低对地方财政的负面影响，从较轻的征税开始，以提高居民纳税的积极性，保证地方经济持续平稳的发展。

6.2.4 小结

本节分别对不同房地产税合并征收方案下全国、东部、中部、西部地区地方财政收支变化进行分析，得出以下结论：

第一，全国层面上，从方案 1 的仅对房地产保有环节合并征收房地产税扩大到方案 2 的房地产保有和其他相关环节房地产税合并征收，对现有税收结构大调整，降低征税成本，将更大地缩减地方财政收支缺口。但如果盲目推行方案 3，改一次性征收为按年分摊土地出让金并入房地产税一起征收，在目前我国的分税制和地方政府过度依赖土地财政的情况下，将会导致地方财政收支缺口的扩大。如没有其他相关措施配合，推行时将会遇到来自地方的阻力。

第二，区域对比发现，在设置和选取房地产税合并征收方案时，宜根据不同地区的经济、社会发展水平和地区房地产市场结构情况区别对待，尤其是西部落后地区目前还不适宜按照全国统一标准征收房地产税。

»6.3 房地产税与居民消费

当前房地产业高速发展，部分城市房价上涨过快，已经超出普通收入水平城镇居民的承受能力，买房难已经成为制约消费的社会问题之一。房地产是城镇居民重要的财富，房地产价格波动必然导致财富价值的波动以及消费支出和消费行为的变动。[1]那么作为房地产价格重要构成部分之一的房地产税，其合并征收的改革又将会对居民消费支出和行为带来怎样的影响，其消费效应又将如何变化呢？目前国外在房地产税与消费领域进行了多角度深入的探讨，而国内相关研究主要局限于通过房地产税作用于房价进而给居民带来的影响，因此，本节在房地产税税负归宿分析的基础上，以中国的经验数据为依据，仍然从不同房地产税合并征收方案出发，实证模拟检验房地产税的消费效应，以检验房地产税改革能否实现调节消费偏好的目标，并为居民根据收入水平进行住房合理消费提供参考意见。

6.3.1 房地产税对居民消费影响的传导分析

根据前面第四章相关理论分析，房地产税对居民消费的影响机制可以说是通过房地产税对房价的影响传递给居民，发生收入效应和替代效应，从而影响其消费行为的。所以，这里从房地产税到房地产价格再到居民消费来分析房地产税与居民消费之间的联系。

[1] 向为民，李娇 . 居民收入、心理预期及其商品房价格波动 [J]. 改革 . 2012.

据有关统计，目前与房地产相关的11种税收，约占房价的13%~15% [1]，最终将随房地产价格转嫁给消费者。但不同的房地产税征收方案给对有无住房和住房拥有数量不同的居民，或者说是自住还是投资类型的居民，所产生的影响不尽相同。按照常莉、鹿山（2011）对房地产税改革框架下的购房需求变化的分析和向为民、李娇（2012）的房价波动对城镇居民消费影响的研究，如果对于无房的潜在消费者或自住型购房者，征税方案导致居民税收增加或房价上涨，在其消费预算不变的前提下，居民可能会暂缓购房，从买房变为租房，替代效应产生，居民的最优选择点将从a移至b。即使是面对住房的刚需需求者，税收增加或房价上涨，消费预算减少，消费预算线从N移动至N'，实际导致居民可支配收入减少，为满足住房消费，必将对其他商品产生显著的挤出效应，最优选择为c。（见图6.8）另一方面，对于此类购房者，当期自住型消费需求量是当期房价、土地年租金、房地产税的减函数。虽然房地产税改革之后，因当期房价是否降低或降低幅度的不确定性，会引致对自住型购房者需求影响的不确定，但能肯定的是方案中对自住房采取税收优惠，会具有限制奢侈性消费、支持理性购买的引导作用。而对于租房者，也会因房地产持有环节税负的增加由承租人转嫁给租赁人，导致预算紧缩，当期消费减少。反之，则会产生相反的结果。

对于拥有多套住房消费者或投资型的购房者，一方面房价上涨，其净财富增加，如将房产抵押融资、再出售，会导致价值上升，或者即使不出售房产也可能使消费者调高消费预期，此时消费预算线从N'移动至N"，最优选择点将会是d，显示促进了消费。（见图6.8）另一方面，房地产税改革、实行土地

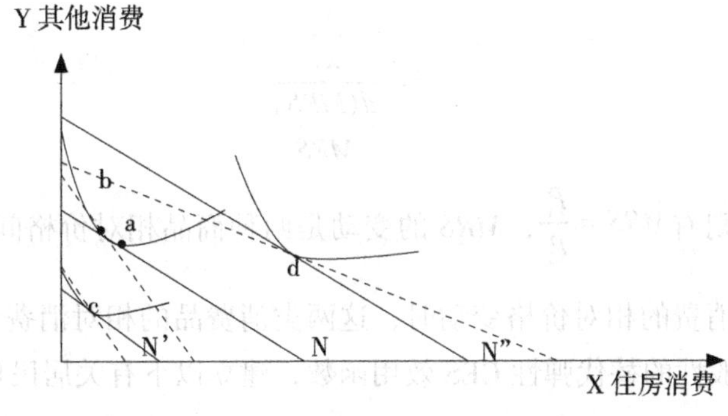

图6.8　房地产税变化对居民消费的影响

[1] 宋延庆. 房地产企业的税负到底有多重？[N]. 中国房地产报，2014-5-4.

年租金和提高保有环节税负，意味着投资成本和交易的增加，会降低其未来收益的预期，减少投资。

总之，房价增减应该是市场供需、经济增长、居民消费、税收乃至城市化、土地供应等综合因素共同作用的结果。房地产税对房价增减的不确定性导致对居民的其他消费的影响具有不确定性，消费可能增加也可能下降。但可以肯定的是，重保有环节，土地出让金缴纳的改变，从长期上将会使房地产税对购房者的消费起到一定的引导作用，并对居民的房地产投资和投机行为产生一定的抑制作用。

6.3.2 基本模型

假设每个家庭居民都是理性消费，在家庭总消费一定的约束下，家庭消费支出主要有用于住房和除住房外其他综合商品这两大类别商品的购买，并且均以家庭消费效用最大化来安排消费。由于替代弹性是两种消费品的MRS对这两种商品的消费数量比例的弹性，设X_1是除住房外其他综合商品的消费，X_2是对住房的消费，两者替代弹性可表示为：

$$MRS=-\frac{dx_2}{dx_1}=\frac{\frac{\partial u}{\partial x_1}}{\frac{\partial u}{\partial x_2}} \tag{6.10}$$

其中，

$$\partial=\frac{\frac{d(\frac{x_1}{x_2})}{\frac{x_1}{x_2}}}{\frac{d(MRS)}{MRS}} \tag{6.11}$$

均衡时则有$MRS=\frac{P_1}{P_1}$，MRS的变动是两种商品相对价格间的变动，当综合消费与住房消费的相对价格变动时，这两类消费品的相对消费量也会随之变动。借鉴最具一般性的替代弹性CES效用函数，建立以下有关居民住房消费的模型：

$$Max \quad U(x_1,x\ )=(\alpha x_1^{\rho}+\beta x_2^{\rho})^{\frac{1}{\rho}} \tag{6.12}$$

$$st:P_1X_1+P_2X_2=M \tag{6.13}$$

公式中 P_1，P_2 分别为综合商品与住房消费的价格。M 是家庭总的消费性支出。

由式（6.12）和式（6.13）可得满足效用最大化的一阶必要条件：

$$MRS_{1,2}=\frac{MUx_1}{MUx_2}=\frac{\alpha x_2^{1-\rho}}{\beta x_1^{1-\rho}}=\frac{\alpha}{\beta}(\frac{x_2}{x_1})^{1-\rho} \quad (6.14)$$

即，$\frac{\alpha}{\beta}(\frac{x_1}{x_2})^{\rho}=\frac{p_1x_1}{p_xx_2}$ 代入将其（6.13）化简求解可得：

$$x_2=\frac{M}{(\frac{\alpha}{\beta})^{\frac{1}{\rho-1}}\frac{p_1^{\frac{\rho}{\rho-1}}}{p_2^{\frac{1}{\rho-1}}}+p_2}$$

本文考察房地产税的变动对居民家庭住房消费的影响。房地产税是房地产价格构成的主要部分之一，房地产税税率的变动必然会引起房地产消费价格的变动。假设 p_0 代表不含房地产税的房地产价格，t_h 代表房地产税调整后房地产税的税率，t_q 代表房地产税调整前房地产税税率，p'_2 代表按房地产税调整前的税率计算得到的价格，于是可有：

$$P_2=p_0(1+t_h) \qquad p'_2=p_0(1+t_q)$$

令 Δx_2 代表仅考虑房地产税税率变动所引起居民家庭对住房消费的变化，则：

$$\Delta x_2=\frac{M}{(\frac{\beta}{\alpha})^{\frac{1}{\rho-1}}\frac{P_1^{\frac{\rho}{\rho-1}}}{P_2^{\frac{1}{\rho-1}}}+P_2}-\frac{M}{(\frac{\beta}{\alpha})^{\frac{1}{\rho-1}}\frac{P_1^{\frac{\rho}{\rho-1}}}{P_2'^{\frac{1}{\rho-1}}}+P_2'} \quad (6.15)$$

对公式 6.15 两边取对数，并令 $y=\ln(\frac{p_1x_1}{p_2x_2})$，$x=\ln(\frac{x_1}{x_2})$

则 6.14 变为：$y=\ln(\frac{\alpha}{\beta})+\rho x$

可见，如要求解 Δx_2 需先求解 x 和 y 所建立的线性回归模型，求出模型参数即可。

6.3.3 实证模拟检验

6.3.3.1 数据和模型形式选取

选取 2000-2012 年的年度数据，因模拟检验不同房地产税方案对全国 30 个省、市、自治区不同居民住房消费的影响，据前述分析建立面板计量经济模型。根据前述模型，分别选取城镇居民消费价格总指数和居住消费价格指数代替 P_1，P_2。与居住消费价格，以城镇家庭人均年消费支出和人均居住年消费支出表示 X_1，X_2。数据分别来自历年《中国统计年鉴》和中经网。

为避免模型设定的偏差，改进参数估计的有效性，仍旧首先采用协方差分析进行模型形式设定检验。检验（N=30，K=1，T=13），得到的两个 F 统计量分别为：F_1=655.95，F_2=405.89，F_3=0.22。查 F 分布表，在给定 5% 的显著性水平下，得到相应的临界值分别为：$F_{1\partial}$=（29，330）=1.50，$F_{2\partial}$=（58，330）=1.36，拒绝假设。可见随着时间的推移各省市间的居民综合消费与居住消费结构进一步发生了变化，模型采用无个体影响而有结构变化的变系数形式，具体形式如下：

$$y_{it} = a + b_i x_{it} + u_{it} \qquad i = 1, 2, ..., 30, t = 1, 2 ..., T$$

公式中 a 为 30 个省市的平均自发消费水平，b_i 为不同地区的边际消费趋向，刻画了省市间的消费结构差异。

6.3.3.2 估计结果

仍使用 GLS 法对模型进行估价，估计结果如下：

$$y_{it} = 1.47845 + b_i x_{it} + u_{it}$$

$$t = (0.7437)$$

$$R^2 = 0.9824 \quad \overline{R}^2 = 0.9818 \qquad F = 1618.3780$$

其中，反映各地区消费差异的 b_i 的估计结果由表 6.18 给出。

表 6.18　　各地区边际消费趋向的估计结果

地区	估计值 b_i	地区	估计值 b_i
北京市	0.545841	河南省	-0.190003
天津市	0.535792	湖北省	-0.061602
河北省	-0.082096	湖南省	-0.012067
山西省	-0.119152	广东省	0.756928
内蒙古自治区	-0.041818	广西壮族自治区	-0.000643
辽宁省	-0.005601	海南省	-0.169644
吉林省	0.019747	重庆市	0.098352
黑龙江省	-0.242277	四川省	-0.13465
上海市	0.825705	贵州省	-0.43121
江苏省	0.084646	云南省	-0.337325
浙江省	0.460802	陕西省	-0.119152
安徽省	-0.186919	甘肃省	-0.340431
福建省	0.34195	青海省	-0.379313
江西省	-0.274624	宁夏回族自治区	-0.197239
山东省	-0.00723	新疆维吾尔自治区	-0.336766

可见，模型拟合优度较高，系数均通过显著性检验，进一步可以得出：

$$\ln(\frac{\alpha}{\beta}) = 1.47845$$

则有：$e^{1.47845} = \frac{\alpha}{\beta}$

最终：$\frac{\beta}{\alpha}$=0.2280，$\rho_i = b_i$（i=1，2，3，…，30）分别带入公式 6.15。公式中调整后的房地产税税率 t_h 根据前述三个不同的房地产税征收方案得出。本文需要研究的是不同方案房地产税税率变化带来的影响，因此将调整前房地产税的税率 t_q 代入。最后以 2012 年为例，估算出不同方案下房地产税税率调整对各省家庭居住消费量影响的，具体结果见表 6.19。

表 6.19　　房地产税税率调整对家庭消费的影响

地区	方案 1	方案 2	方案 3
北京市	−2.1920	−2.8407	−3.1049
天津市	−1.8348	−2.6595	−3.0273
河北省	−1.1526	−1.6943	−1.8845
山西省	−1.1271	−1.5256	−1.6379
内蒙古自治区	−1.5734	−2.2272	−2.4153
辽宁省	−1.4640	−2.3858	−2.7719
吉林省	−1.2922	−1.7972	−2.0043
黑龙江省	−1.1956	−1.4483	−1.5695
上海市	−2.4998	−4.4722	−4.7281
江苏省	−1.6682	−2.2687	−2.5994
浙江省	−2.0318	−3.0066	−3.4769
安徽省	−1.3079	−2.0296	−2.2994
福建省	−1.6576	−2.6037	−2.9151
江西省	−1.1665	−2.0001	−2.2738
山东省	−1.4432	−2.0384	−2.2740
河南省	−1.2232	−1.9123	−2.0817
湖北省	−1.3087	−2.2363	−2.5243
湖南省	−1.3333	−1.9272	−2.1630
广东省	−2.0125	−3.9386	−4.0927
广西壮族自治区	−1.2780	−1.8950	−2.1113
海南省	−1.2563	−2.3488	−2.4715
重庆市	−1.4877	−2.6268	−2.9957
四川省	−1.3613	−1.8132	−1.9999
贵州省	−1.1282	−1.3304	−1.4490

续表

地区	方案 1	方案 2	方案 3
云南省	-1.2185	-1.5821	-1.8021
陕西省	-1.3708	-1.5235	-1.6020
甘肃省	-1.1125	-0.8426	-0.9667
青海省	-1.0901	-0.9492	-1.0540
宁夏回族自治区	-1.2794	-1.7421	-1.9497
新疆维吾尔自治区	-1.1784	-0.9010	-0.9404

从上表 6.19 可知，无论何种房地产税合并征收方案，房地产税率的变化都会给居民居住消费带来不同程度的负面效应。在不同的房地产税合并征收方案中，各地居民居住的平均边际消费趋向存在显著差异。其中对上海市居民住房消费影响最大，其次为广东、浙江、北京等省市。除新疆、甘肃、青海三地外，在整体上这种负面影响从方案 1 到方案 3 呈现出逐步扩大的趋势。

6.3.4 小结

本节通过替代弹性 CES 效用函数，模拟检验不同房地产税合并征收方案下房地产税改革给全国 30 个省（自治区、直辖市）不同居民消费的影响。研究表明，房地产税合并征收的实施将对我国各房地产开发一线城市的居民消费带来较大的负面影响。从方案 1 到方案 3，随着房地产税合并征收范围与税率的逐步扩大，其直接负面影响也有逐渐增加的发展趋势。但对于房地产开发落后地区其负面影响并不随征收范围与税率的扩大而增加，这可能是与这些地区自身相关房地产税征收额并不大，居民消费结构中住房消费并不如一线发达房地产市场地区所受的影响那么显著有关。

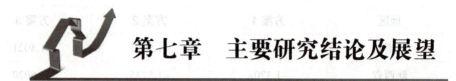

第七章　主要研究结论及展望

»7.1　主要研究结论

7.1.1　功效发挥方面

就房地产税合并征收与经济发展、相关行业看，在系列房地产税改革方案中，提高房地产税税率，将会给居民消费与储蓄带来比企业更大的负面效应，而对企业投资则保持促进作用，但会在一定程度上降低其效应。将部分土地出让金纳入房地产税改革方案，能更大程度地激发城市化对经济发展的效应。房地产税改革引致经济影响的根源仍是传统生产要素中的投入。合并调整房地产税收体系，减少房地产建设和交易环节税费，加大保有环节税收，对第三产业尤其是房地产业本身的影响最为显著，将整体降低第三产业的税负，增加第二产业的税负。合并税种，提高房地产税税率将提升建筑业、居民服务和其他服务业、公共管理和社会组织的税收增速，使其税收以快于对应行业的增速；也会引致教育、租赁和商务服务行业的减负；尤其对教育、信息传输、计算机服务和软件业的税收波动影响最大。

从收入分配效应看，以调节财富存量为实质的房产税的再分配效果优于调节财富流量的个人所得税，这为将房产税功能定位于收入分配提供了实证支持。但国外已出现因房地产税围绕调节收入目标设计导致对土地利用不利，或在一定程度上反而损失收入公平的事实出现。因而，对于具有多功能的房产税，收入分配并非其最佳功能定位的首选。

目前我国房产税的收入分配效应整体上为正，结构上呈现低收入阶层税收累退与中高收入阶层递增性税收累进并存的局面，能在一定程度上起到调节居民收入差距的作用。其再分配效应主要取决于累进性而非平均税率，降低房产税税率只会在一定程度上削弱对中、高收入居民的收入分配功能。

不同时期房产税前后基尼系数不同，不同收入组的累进程度也迥异。房产税的收入分配效应除受税制自身影响外，还受到诸如房价波动、居民收入、心理预期、消费和投资趋向等外在因素的影响。

房地产税合并征收与城市扩张的研究显示，正如理论预期的那样，合并统一房地产税的开征会抑制城市的扩张，尤其在将房地产流转与保有环节合并调整，征收房地产税的方案对城市扩张的影响最明显。

在各考察因素中，居民收入水平在促进城市扩张方面虽为正向作用但效果最不显著，而居民人口增加则是促进城市扩张最重要的诱因，其次是城镇基础建设状况。此外，非经济的因素也会作用于城市扩张。因此，要能有效实行合并开征统一房地产税的改革不光需要考虑税收改革、土地制度改革，而是应该将其放到经济、政治、社会统筹兼顾的系统环境下考量。

7.1.2　微观主体方面

就房地产税合并征收对房地产企业的影响看，在企业业绩方面，无论何种方案，房地产税的合并征收均会给不同的房地产企业带来不同程度显著的负面影响。对比方案，不考虑土地出让金，从方案 1 到方案 2，会逐步扩大房地产税合并征收范围，但却不会大幅缩减房地产企业经营业绩。如果考虑土地出让金，采用方案 3，则会对企业经营业绩带来最大的负增长。

在产品供给方面，房地产企业供给受房地产税改革的影响并不一致，且短期影响较明显，长期影响则不显著。因此，利用房地产税改革对房地产企业的生产行为调节在短期内是有效的，长期调控效果则不佳。

就房地产税合并征收对地方政府的影响看，采用方案 1 或方案 2 的房地产税改革会缩小地方政府财政收支缺口，且并不会因时间的改变而发生变化。而分摊土地出让金的房地产税合并征收方案 3，将较大幅度地减少政府的财政收入，对目前地方财政收入形成挑战。房地产税合并征收有利于东部和中部地区财政收支缺口的缩小，但却会扩大西部地区财政收支缺口。应区别对待东部、中部、西部在地区经济、地方财政和房地产市场上的差异，房地产税合并征收的税率不应一刀切，即目前采用统一的征税税率在全国并不合适。

就房地产税合并征收对居民消费影响看，将会对我国一线房地产市场的居民消费带来比二、三线房地产市场居民更大的负面影响；并且这种影响会随着房地产税合并征收范围与税率的逐步扩大，而有逐渐增加的趋势。但在房地产开发落后地区并无这种发展趋势，房地产税给当地居民消费带来的负面效应会因其本身经济、税收、房地产市场的欠发达而被弱化。

»7.2 对房地产税合并征收的启示

以上就所提出的房地产税合并征收具体方案在经济效应模拟检验方面的结论进行了总结，亦为房地产税合并征收设计带来进一步的启示。

房地产税合并征收涵盖现行房地产税制中的房产税、城镇土地使用税、城市维护建设税、土地增值税、契税，甚至还可能涵括部分土地出让金，但不应将这些税费简单的合并，而应当对其有效地整合和改革。因此，根据上述实证分析结论，为了实现房地产税合并征收，使我国房地产税制更加简化，使其符合经济发展的需要，有利于房地产税发挥其在财政收入、资源配置、收入分配等方面的功能，有利于对各微观主体带来正面影响，本研究提出实行房地产税合并尤其要注意以下几点：

7.2.1 公平和效率

税收公平与效率理论是西方税收原则理论的当代表述，是西方税收理论最基本的内容之一，已经成为西方国家制定税制所遵循的基本指导思想[1]。不同税收纳税人都能承担差不多的税收，且每个纳税人的税收负担是与之收入状况和经济实力相匹配的，这就是税收公平原则。税收公平包括以同等方式对待条件相同的人"横向公平"和以不同方式对待不同的人的"纵向公平"。通常从受益和负担能力两方面出发来衡量税收的公平与否。房地产税的征税对象是房地产这一特殊物品，房地产税合并征收涉及多税种的合并调整，因此，在设计和选择具体房地产合并方案时要尽量考虑到纵向公平的原则，做到高收入者多交税，低收入者少交税，注重相关税收优惠或减免的配套设计。

税收效率是指在经济运行中所产生的效应和对征税中的成本控制，包括税收的经济效率、税收的资源配置效率和税收的行政效率。衡量的标准通常是额外税收负担最小和额外收益最大。因此，房地产税合并征收要能在房地产企业

---

[1] 曾康华．当代西方税收理论与税制改革研究 [M]. 北京：中国税务出版社，2011.

生产和居民消费投资行为产生外部不经济，市场调节失灵的时候，发挥调节和引导作用，并且税制设计上尽量简便、易于操作，以利于税收征管。

7.2.2　适时择优

本研究列出了房地产税合并征收的三种可能选择方案，并从功效发挥和微观主体两方面模拟了房地产税合并征收对国民经济、相关行业、城市扩张、收入分配、政府财政、企业生产以及居民消费产生的影响。研究显示，方案不同，其影响程度也不相同，方案各有得失，并不存在最优方案。但可以肯定的是，任何改革方案都会给社会带来一定程度的冲击。因此，只能按照客观环境，遵循适时择优的原则，在不同时期对不同指标有所侧重，综合分析，选取最具可行性的方案。

7.2.3　可行性

本研究主要涉及的是对房地产税合并征收经济效应的模拟研究，实际中还有如房地产税合并征收是否要将农村房地产纳入等诸多范围界定，可以说本文对房地产税合并征收的研究还比较肤浅。任何经济政策都必须要有非常清晰的边界，否则很可能造成“钻空子”等各种违规现象，导致政府部门间办事效率低，推诿敷衍，政策难以贯彻执行，甚至给寻租留下空间，滋生贪污腐败。[1]因此，制定房地产税合并征收的方案要特别注意其可行性，具体范围边界的界定要清晰明了，简单准确，便于民众的执行和监督。

7.2.4　整体上税负不增加

如果房地产税改革最终采取将现有房地产税合并统一征收，那么，整体上税负即使不降低也不能超过现有水平，并尽可能不给低收入群体增加税收负担，甚至还可以给其带来一定的好处。任何一项改革只有得到大多数民众的支持，才能得到最终的理解和推行。实际上本文的模拟检验也是建立在房地产税合并征收税负整体不增加的前提之下的。因此，房地产税合并征收应遵循整体上税负不增加的原则，设计的方向是减轻民众税收负担，而不是再给民众加税，这样房地产税的改革才会得到大众的认可和支持。

---

[1] 徐滇庆 . 房产税 [M]. 北京：机械工业出版社，2013.

7.2.5 关于具体方案

本研究提出的房地产税合并征收的方案还很粗浅，确切地说是房地产税合并征收的三种思路，离最终能开展实施的具体合并征收方案还有诸多细节要深入，但无论最终具体方案怎样，都要能体现出“简税制、宽税基、低税率、严征管”，以规范、整合的方式建立起独立、完整的房地产税制。并且还要发挥地方政府税收征管优势，在国家统一规定的大范围内，形成不同地区房地产税征税标准差异，形成不同的城镇住房保有成本差异，引导人口流动的合理布局。

7.2.6 关于实施进程

房地产税合并征收不可一蹴而就，宜采用逐步扩大征税范围的方式，即可先从目前房产税和城镇土地使用税合并征收开始试点，并从增量改革入手，按照房地产市场价格征收，这样有现成相关法规可循，更切合当前实际税收环境，更具操控性。另一方面，可先对别墅、豪华公寓等易于辨识的高档住宅进行征收，纳税对象重点关注房地产投资投机者，这样能减少对房地产正常需求的干扰和对大多数中低收入阶层利益的影响，降低征管成本。同样可采用先若干城市试点，取得经验，时机成熟再全面推广。在相关配套制度完善、试点取得成功后，可进一步扩大房地产税合并征收的范围，并将征收的范围从房地产保有环节扩大到房地产交易流转环节，即考虑实施后续方案。

7.2.7 关于完善配套

房地产税改革不仅是我国整体税制改革的一部分，还涉及土地制度改革。统筹安排，做好顶层相关设计是顺利实施改革的关键。此外，需要解决好一些房地产税征收技术方面的问题，逐步建立不动产登记制度，完善房地产数据库，培育房地产评估市场、改革房地产税征管办法，制定合理的房地产税征收纠纷解决程序，为统一征收房地产税的顺利实施和推进奠定基础。

7.2.8 需关注负面效应

房地产税合并征收仍然反映出房地产税在发挥收入分配、资源配置和财政收入效应方面的一些局限，具有两面性。如果制度设置不当，该税的实际效应可能会适得其反，将严重阻碍房地产税改革的进程。

参考文献

[1] 巴曙松，刘孝红，尹煜．物业税改革对房地产市场的影响研究 [M]. 北京：首都经济贸易大学出版社，2011.

[2] （美）查尔斯．H 温茨巴奇，迈克．E 迈尔斯著．任淮秀等译．现代不动产 [M]. 北京：中国人民大学出版社，2001.

[3] （美）理查德 A. 马斯格雷夫．财政学原理 [M]. 北京：中国财政经济出版社，2003.

[4] （日）野口悠纪雄著，汪斌译．土地经济学 [M]. 北京：商务印书馆，1997.

[5] Wallace E. Oates. 财产税与地方政府财政 [M]. 北京：中国税务出版社，2005.

[6] 白彦锋，吴哲方．物业税改革过程中的相关利益主体博弈分析 [J]. 中央财经大学学报，(5)：22–23. 2011.

[7] 北京大学中国经济研究中心宏观．物业税改革与地方公共财政 [J]. 经济研究，(3)：15–24. 2006.

[8] 北京大学中国经济研究中心宏观组．中国物业税研究：理论、政策与可行性 [M]. 北京：北京大学出版社，2007.

[9] 伯纳德．萨拉尼著，陈新平，王瑞泽等译．税收经济学 [M]. 北京：中国人民大学出版社，2009.

[10] 常莉．房地产税收改革对房地产业影响的效应研究 [D]. 西安：西北大学，2007.

[11] 陈多长．房地产税收论 [M]. 北京：中国市场出版社，2005.

[12] 陈哲．我国住宅保有税税收公平效应及改进研究 [J]. 重庆科技学院学报（社会科学版），2011. (8)：63–67.

[13] 董蕾．美国不动产税研究 [D]. 长春：吉林大学博士学位论文，2011.

[14] 杜雪君，黄忠华，吴次芳．房地产价格、地方公共支出与房地产税负关系研究：理论分析与基于中国数据的实证检验 [J]. 数量经济技术经济研究，2009. (l)：56–60.

[15] 杜雪君．房地产税对房价的影响机理与实证分析 [D]. 杭州：浙江大学，2009.

[16] 樊慧霞．房地产税溢价回收功能对地方政府的激励效应分析 [J]. 经济论坛，2010. (8)：21–23.

[17] 房产税试点 3 年不成功．土地出让金或并入房产税 [N]. 华夏时报，2013-12-5.

[18] 高玲玲．房地产资本税对宏观经济及部门经济的影响 [D]. 大连：东北财经大学，2012.

[19] 高铁梅 . 计量经济分析方法与建模：第二版 [M]. 北京 : 清华大学出版社 , 2009.
[20] 郭宏宝 . 房地产税改革的经济效应 : 理论、政策与地方税制的完善 [M]. 北京 : 中国社会科学出版社 , 2013.
[21] 郭宏宝 . 财产税、城市扩张与住房价格 [J]. 财贸经济 , 2011. (3) : 46-60.
[22] 国家税务总局财产和行为税司 . 房地产税制与评税实务 [M]. 北京 : 中国税务出版社 , 2010.
[23] 国家税务总局税收科学研究所 . 外国税制概览：修订版 [M]. 北京 : 中国税务出版社 , 2009.
[24] 何辉 . 金融市场税收经济效应研究：基于中国经济数据的实证分析 [M]. 北京 : 经济科学出版社 , 2011.
[25] 何振一 . 物业税与土地出让金之间不可替代性简论 [J]. 税务研究 , 2004. (9) : 68-73.
[26] 贾康 . 关于中国房地产税费改革的基本看法 [J]. 涉外税务 , 2006. (7) : 45-48.
[27] 贾康 . 开征物业税 , 改造土地财政 [J]. 上海国资 , 2010. (5) : 46-50.
[28] 贾康 . 抓紧出台物业税 (房地产税) [J]. 城市住宅 , 2010. (4) : 78-83.
[29] 况伟大 . 住房特性、物业税与房价 [J]. 经济研究 , 2009. (4) : 151-161.
[30] 李娇 , 向为民 . 房产税收入分配效应的实证检验：基于结构和整体的视角 [J]. 当代财经 , 2013. (12) : 28-35.
[31] 李晶 , 中国房地产税收制度改革研究 [D]. 大连 : 东北财经大学 , 2011.
[32] 李俊钰 . 中国房地产业 Malmquist 全要素生产率指数变动研究 [J]. 北方经济 , 2013. (14): 36-38.
[33] 刘洪玉 . 刘红 . 房地产与社会经济 [M]. 北京 : 清华大学出版社 , 2006.
[34] 刘洪玉 . 郑思齐 . 城市与房地产经济学 [M]. 北京 : 中国建筑工业出版社 , 2007.
[35] 刘洪玉 . 房产税改革的国际经验与启示 [J]. 改革 , 2011. (2) : 84-88.
[36] 刘洋 . 房地产税制经济分析 [M]. 北京 : 中国财政经济出版社 , 2009.
[37] 刘洋 . 基于评估方法的物业税评估效应研究 [D]. 内蒙古 : 内蒙古财经大学 , 2010.
[38] 刘勇锡 . 我国物业税立法研究 [D]. 上海 : 华中师范大学 , 2011.
[39] 刘钰 . 物业税改革对地区财力差距影响 [D]. 成都 : 西南财经大学 , 2008.
[40] 罗涛 , 张青 , 薛钢 . 中国房地产税改革研究 [M]. 北京 : 中国财政经济出版社 , 2011.
[41] 孟莹莹 . 中国消费税的经济效应研究 [D]. 成都 : 西南财经大学 , 2012.
[42] 倪红日 , 谭敦阳 . 开征物业税对地方政策财政收入的影响 [J]. 重庆工学院学报 (社会科学) , 2009. (2) : 56-63.
[43] 潘文轩 . 2013. 我国税收调节贫富差距的效果为何不够理想：一个理论分析框架及现实考察 [J]. 当代财经 , (2) : 36-46.
[44] 彭海艳 , 伍晓榕 . 税收累进性测量方法之比较 [J]. 统计与决策 , 2008 (20) : 48-50.

[45] 沈维涛 . 财务管理学 [M]. 厦门 : 厦门大学出版社 , 2006.
[46] 石坚 , 陈文坚 . 房地产税制的国际比较 [M]. 北京 : 中国财政经济出版社 , 2011.
[47] 石坚 . 中国房地产税制 : 改革方向与政策分析 [M]. 北京 : 中国税务出版社 , 2008.
[48] 石子印 , 张燕红 . 个人所得税的累进性与再分配效应：以湖北省为例 [J]. 财经科学 , 2013. (3) : 116–124.
[49] 石子印 . 宏观税负与经济增长关系的理论框架分析 [J]. 湖北经济学院学报 , 2008. (11) : 46–53.
[50] 石子印 . 我国不动产保有税研究 [M]. 北京 : 中国社会科学出版社 , 2011.
[51] 宋佳 . 我国房地产税功能定位及制度设计 [D]. 石家庄 : 河北经贸大学 , 2011.
[52] 孙玉栋 , 杜云涛 . 我国房地产保有环节现行税制的问题及其改革 [J]. 财贸经济 , 2008. (2) : 69–74.
[53] 汪昊 . 房地产市场调控研究：基于中国现状的分析 [M]. 北京 : 中国税务出版社 , 2009.
[54] 王聪 , 杨选良 , 刘延松 , 仁保平 . AK 模型内生增长理论西方研究综述 [J]. 情报杂志 , 2010. (2) : 188–192.
[55] 王倩倩 . 房地产税职能分析及改革建议 [D]. 大连 : 东北财经大学 , 2011.
[56] 王宛岩 . 我国不动产课税制度研究 [D]. 北京 : 财政部财政科学研究所 , 2010.
[57] 王志刚 . 面板数据模型及其在经济分析中的应用 [M]. 北京 : 经济科学出版社 , 2008.
[58] 王翔 . 住宅房地产税研究 [D]. 大连 : 东北财经大学 , 2011.
[59] 韦志超 , 易纲 . 物业税改革与地方财政 [J]. 经济研究 , 2006. (3) : 15–24.
[60] 向为民 , 李娇 . 房价波动、收入水平与消费支出 [J]. 重庆大学学报 (社会科学版) , 2014. (1) : 50–55.
[61] 向为民 , 李娇 . 居民收入、心理预期及其商品房价格波动 [J]. 改革 , 2012. (6) : 127–132.
[62] 徐滇庆 . 房产税 [M]. 北京 : 机械工业出版社 , 2013.
[63] 亚当 · 斯密 . 国民财富的性质和原因的研究 [M]. 上海 : 上海三联书店 , 2009.
[64] 亚当 · 斯密著 . 王亚南译 . 国富论：下卷 [M]. 北京 : 商务印书馆 , 1981.
[65] 杨继瑞 , 马永坤等 . 房产税征收对区域经济的影响：以新都区为例 [M]. 成都 : 西南财经大学出版社 , 2011.
[66] 叶剑平 , 谢经荣 . 房地产业与社会经济协调发展研究 [M]. 北京 : 中国人民大学出版社 , 2005.
[67] 易宪容 . 房地产与金融市场 [M]. 北京 : 社会科学文献出版社 , 2007.
[68] 苑玉新 . 我国物业税效应分析及其相关税制设计思路 [D], 宁夏 : 宁夏大学 , 2009.
[69] 曾康华 . 当代西方税制理论与税制改革研究 [M]. 北京 : 中国税务出版社 , 2011.
[70] 张传勇 . 中国房价波动的收入分配效应研究 [D]. 上海 : 华东师范大学 , 2012.

[71] 张华燕 . 论房产税制改革 [D]. 天津 : 天津大学 , 2011.
[72] 张青 , 张再金 . 房地产税国内研究综述 [J]. 湖北经济学院学报 , 2012. (7) : 57–68.
[73] 张晓峒主编 . 计量经济学软件 EViews 使用指南 [M]. 天津 : 南开大学出版社 , 2004.
[74] 张再金 . 物业税改革的经济影响 : 一个文献综述 [J]. 税务与经济 , 2008. (1) : 96–101.
[75] 张振强 . 基于逐步回归分析的财政收入模型研究 [J]. 经济研究导刊 , 2009. (5) : 94–96.
[76] 郑晖 . 物业税改革对地方政府财政收支的实证影响分析 [D]. 上海 : 华东师范大学 , 2013.
[77] 钟甫宁 , 褚小明 . 房产累进税和住房供求关系的实证研究 [J]. 财贸经济 , 2008. (6) : 83–87.
[78] 朱建锋 . 多政府财政经济行为的资金流动仿真建模与实现 [D]. 上海 : 上海交通大学 , 2011.
[79] Kakwani, N. C. , 1997. Measurement of Tax Progressivity: An Internal Comparison[J]. Economic Journal, (87) : 210–223.
[80] Abraham, J. & Hendershott, P. H. 1996. Bubbles in Metro Politan Housing Markets[J]. Journal of Housing Research, 7 (2) : 191–200.
[81] Allen, F. and D. Gale. 1999. Comparing Financial Systems[M]. MIT Press, Cambridge, Massachusetts (forthcoming) .
[82] Allen, F. and Gale, D. 2000. Bubble and Crises[J]. Economic Journal , (110) : 236–255.
[83] Angel , M . &Gareia. L. 2004. Housing Pricess and Tax Policy in Spain[J]. Spanish Economic Review, (6) : 29–52.
[84] Brett, C. , Pinkse, J. 2000. The determinants of municipal tax rates in British Columbia[J]. Canadian Journal of Economics, (33) : 695–714.
[85] Brueckner, J. K. and H. Kim. 2003. Urban sprawl and the property tax[J]. International Tax and Public Finance, 10 (1) : 5–23.
[86] Brueckner, J. K. . 2003. Strategic interaction among governments: an overview of empirical studies[J]. International Regional Science Review, (26) : 175–188.
[87] Brueckner, J. K. 2001. Urban sprawl: lessons from urban economics[J]. Brookings–Wharton Papers on Urban Affairs, 65–97.
[88] Brueckner, J. K. , Kim, Hyun. A. 2003. Urban sprawl and the property tax[J]. International Tax and Public Finance, (10) : 5–23.
[89] Brueckner, J. K. Property, 2001b. Property Taxation and Local Government Finance[J]. Lincoln Institute of Land Policy, Cambridge, MA.
[90] Burchfield, Marcy. , Overman, Henry. G, Puga, Diego, Turner, Matthew. A. 2006. Causes of sprawl: a portrait from space[J]. Quarterly Journal of Economics, (121) : 587–633.
[91] C. P. Khetan, S. N. Poddar. 1976. Measurement of income tax progression in a growing economy: the Canadian experience[J]. The Canadian Journal of Economics , (9) : 613–629.
[92] Cătălina Cozmei, Muler Onofrei. 2012. Impact of Property Taxes on Commercial Real Estate

Competition in Romania[J]. Procedia Economics and Finance, International Conference Emerging Markets Queries in Finance and Business, (3) : 604–610.

[93] PF Colwell, GK Turnbull. 2003. Frontage tax and the optimally compact city[M]. In: Netzer, Richard. (Ed.) , The Property Tax, Land Use and Land Use Regulation. Edward Elgar.

[94] Richard. W, Mohan Ravichandran. 2010. Property taxation and density of land development: a simple model with numerical simulation[J] . Eastern Economic Journal, (10) : 229–238.

[95] Geoffrey Carliner. 1973. Income elasticity of housing demand[J]. Review of Economics and Statistics, 55 (4) : 528–532.

[96] Geoffrey K. Turnbull. 2005. The Investment Incentive Effects of Land Use Regulations[J]. The Journal of Real Estate Finance and Economics, (4) : 357–395.

[97] Geoffrey Keith Turnbull Ph. D. 1988. Property taxes and the transition of land to urban use[J]. The Journal of Real Estate Finance and Economics, (4) : 393–403.

[98] H. Spencer Banzhaf and Nathan Lavery. 2010. Can the land tax help curb urban sprawl ? evidence from growth patterns in Pennsylvania[J]. Journal of Urban Economics, 67 (2) : 169–179.

[99] Hamilton, Bruce. W. 1976. The Effects of Property Taxes and Local Public Spending on Property Values: A Theoretical Comment[J]. Journal of Political Economy, 84 (3) : 647–650.

[100] Hamilton, Bruce. W. 1975. Zoning and Property Taxation in a System of Local Governments[J]. Urban Studies , (12) : 205–211.

[101] J. K. Brueckner. 2000. Urban sprawl: diagnosis and remedies[J]. International Regional Science Review, (23) : 160–171.

[102] Jae–Cheol Kima, Min–Young Kimb, Se–Hak Chunc . 2003. Property tax and its effects on strategic behavior of leasing and selling for a durable–goods monopolist[M. Cheltenham, U. K

[103] Jan K. Brueckner, Hyun–A Kim. 2003. Urban Sprawl and the Property Tax[J]. International Tax and Public Finance, (1) : 5–23.

[104] John E. Anderson. 2005. Taxes and Fees as Forms of Land Use Regulation[J]. The Journal of Real Estate Finance and Economics , (4) : 413–427.

[105] Jonathan S. Skinner. 1987. Taxation and Output Growth: Evidence from African Countries[M]. Massachusetts: NBER Working Paper.

[106] Kakwani. N. C. 1997. Measurement of Tax Progressivity: An Internal Comparison[J]. Economic Journal, (87) : 210–223.

[107] Katharine L. Bradburya, Christopher J. Mayerb. 2001. Property tax limits, local fiscal behavior, and property values: evidence from Massachusetts under Proposition[J]. Journal of Public Economics, 80 (2) : 287–311.

[108] LiJiao. 2014. Property Tax Reform and Urban Sprawl—Evidence from Provincial Data in China[J]. International Conference on Management Science and Engineering - Annual Conference Proceedings, (8) : 2061–2066.

[109] Lueas, R. 1988. On the mechanism of economic development[J]. Journal of Monetary Economies, 22 (1) : 3–42.

[110] Mark Skidmore. Laura Reese. Sung Hoon Kang. 2012. Regional analysis of property taxation, education finance reform, and property value growth[J]. Regional Science and Urban Economics (42) : 351–363.

[111] Meiszkowsiki, Peter. 1972. The Property tax: An excise Tax or Profit Tax?[J]. Public Economic Literature, 1 (l) .

[112] Mendoza, E. G. , Miles–i Ferretti G. M. , and Asea, P. 1997. On the Ineffectiveness of Tax Policy in Altering Long–Run Growth: Harberger. s Superneutrality Conjecture[J]. Journal of Public Economics, (66) : 99–126.

[113] Michael A. Kilgore, 2014. Do high property taxes influence family forest land Tenure decisions? [J]Journal of Forest Economics, 20 (2) : 161–173.

[114] Musgrave. R, T. Thin. 1948. Income Tax Progression 1929–48[J]. Journal of Political Economy, (56) : 134–156.

[115] Nechyba, T. , R. Walsh. 2004. Urban sprawl[J]. The Journal of Economic Perspectives, 18 (4): 177– 200.

[116] Oates, Wallace E. 1973. The Effects of Property Taxes and Local Public Spending on Property Values: A Reply and Yet Further Results[J]. Journal of Political Economy, (81) : 1004–1008.

[117] Oates, Wallace E. 1969. The Effects of Property Taxes and Local Public Spending on Property Values: An Empirical Study of Tax Capitalization and the Tiebout Hypothesis[J]. Journal of Political Economy , 77 (6) : 957–971.

[118] Oates, wallaeeE. 1994. Federalism and government Finance: in modern public Finance[M]. Cambridge, M. A. : Haevard University Press,

[119] Pigou. A. C, Public. 1928. Finance[M]. London: Macmillan.

[120] Ralph M. Braid. 2013. State and local tax competition in a spatial model with sales taxes and residential property taxes[J]. Journal of Urban Economics, (75) : 57–67.

[121] Richard Arnott, Petia Petrova. . 2006. The Property Tax as a Tax on Value: Deadweight Loss[J]. International Tax and Public Finance, (2–3) : 241–266.

[122] Song Y. , G. J. Knaap and C. Ding. 2005. Review on China housing policy since 1949[J]. China Housing and Land Police Reform, 163–182.

[123] Song, Y. and Y. Zenou. 2006. Property tax and urban sprawl: theory an d implication s for US cities[J]. Journal of Urban Economics , 60 (3) : 519– 534.

[124] Tiebout, Charles M. . 1956. A Pure Theory of Local Expenditure[J]. Journal of Political Economy, (5) : 416–424.

[125] TurnbuII, G. K, . 1988. The effects of local taxes and public services on residential development patterns[J]. Journal of Regional Science, (28) : 541–562.

[126] Youngman, Joan. M. , Malme, Jane. H. 1994. An International Survey of Taxes on Land and Buildings[M]. Cambridge: Lincoln Institute of Land Policy.

[127] WJ Mccluskey. 1991. Comparative property tax systems[M]. England: Avebury.

后记

本书是在我博士论文基础上修改而成的。面对此书的即将出版，万分感激涌上心头。首先衷心感谢导师任宏教授。回顾博士论文的写作，虽然异常艰苦，但从写作题目的甄选、研究导入角度的选择，实证研究数据的搜集，计量经济模型的分析以及最后完稿、定稿，无不凝结了他的心血。可以说，正是任老师丰富的学识、有远见的洞察力、严谨的治学态度和不断对我的鞭策与鼓励，才有了最后研究的完成。

感谢重庆大学建设管理与房地产学院的老师们给予的关心和支持。衷心感谢颜哲教授、曹小琳教授、王林教授等在预答辩中提出的宝贵建议。感谢曾德珩老师对论文提出的修改建议和答辩、预答辩阶段所给予的无私帮助。感谢我最亲爱的同学向为民、梁桂宝给我不断的鼓励、鞭策，也如严师般给我提出了许多有益的建议。

感谢校内外评阅和答辩老师提出的宝贵建议，你们严肃认真的学术态度永远值得我尊敬与学习。

特别感谢我的家人，一直以来你们不懈和无私的鼓励、支持与爱，永远是我能坦然面对一切困难的力量源泉。

此书的顺利出版还要感谢东北师范大学出版社的大力支持！

路漫漫其修远兮，吾将上下而求索。虽然对本书的撰写付出了大量心血，但是我国房地产税收改革的复杂性和不确定性，部分数据搜集的局限性，加之本人的学术水平和研究能力有限，本书难免存在一些不足和错误，敬请大家批评指正！

本书的不足也将为本人后续进一步研究房地产税改革指明方向。

李　娇

2017 年 1 月